JN110815

プロサッカークラブの マネジメント・ コントロール・システム

オックスフォード・ユナイテッドFCの事例

角田幸太郎
SUMITA Kotaro
［著］

同文舘出版

序文

　本書は，プロフェッショナル組織としてのプロサッカークラブにおいて，マネジメント・コントロール・システム（Management Control System，以下，MCS）が体系的に構築・運用されており，MCSの効果を高める方向に施策を改善するにつれて，チーム成績も向上していったプロセスを，MCS理論の観点から経時的に分析・考察した研究である。

　序章では，問題の所在とリサーチ・クエスチョンを提示している。プロフェッショナル組織におけるMCSに関しては，病院など非営利組織をリサーチ・サイトとする研究は多く存在しているが，そこでは財務的なインセンティブは有効ではないとされてきた。しかし，本書で対象とするプロサッカークラブもプロフェッショナル組織の一種であり，プロサッカークラブのようなプロフェッショナル組織に対しては，インセンティブ・システムは有効であると考えられる。中でも，単年契約の選手が主体の，下部リーグのプロサッカークラブのほうが，MCSの意義や効果をより純粋に検証できるのではないかという考えに基づき，学術研究の手続きに従ってデータを収集し，その仕組みや変化に対する，既存のMCS理論の説明力やMCS理論の修正の必要性について考察することを，リサーチ・クエスチョンとしている。

　第1章では，プロサッカーの会計，MCS，インセンティブ・システムに関する先行研究についてレビューを行い，リサーチ・デザインとリサーチ・サイトについて説明している。本書では，英国プロサッカークラブのひとつであるオックスフォード・ユナイテッドFC（Oxford United Football Club）をリサーチ・サイトとして，4シーズンにわたって計17回訪問し，会長，監督，スタッフ，選手など，延べ38名へインタビューを行い，MCSの実務やその変化についてデータを収集し，MCSのフレームワークとして広

く支持されているMerchant and Van der StedeのMCSのフレームワークや，インセンティブ・システムの理論に基づいて分析を行っている。

　第2章では，当時の新監督が就任する直前のシーズンにあたる，2013/14シーズン以前のMCSの状況について，インタビュー調査や得られた資料を基に分析を行っている。当時は，チームの年間最終順位に基づく個人ボーナスなどのインセンティブ・システムや選手のパフォーマンスの評価に用いるKPIもまだ簡素なものにとどまっていた。

　第3章では，当時の新監督が就任した1年目のシーズンにあたる，2014/15シーズンの状況について，インタビュー調査や得られた資料を基に分析を行っている。新監督の発案により，5試合経過毎の暫定順位に基づく個人ボーナス，100項目を超えるKPIの拡充，個人別・ポジション別の定性的目標の設定，罰金制度など，さまざまな取り組みが始まった。

　第4章では，当時の新監督が就任して2年目のシーズンにあたる，2015/16シーズンのMCSの状況について，インタビュー調査や得られた資料を基に分析を行っている。5試合毎や15試合毎の勝ち点目標の達成に基づく個人ボーナスやチーム全体へのボーナス，複数ポジションからなるユニット別の定量的目標への変更，行動規範としての組織シンボルの制定など，MCSに変更が加えられた。その結果，チームはカップ戦で準優勝し，リーグ戦でも上部のリーグへの昇格を果たすなど，好成績を収めたシーズンとなった。

　第5章では，当時の新監督が就任して3年目のシーズンにあたる，2016/17シーズンのMCSの状況について，インタビュー調査や得られた資料を基に分析を行っている。リーグのレベルが上がったにもかかわらず，勝ち点の目標値は変更せずに，ボーナスの単価を上げることでモチベーションを高めようとするなど，MCSにさらなる変更が加えられていた。結果として，リーグ戦ではプレイオフ出場を最後まで争い，カップ戦でも2年連続で決勝

に進出するなど，好成績を維持したシーズンとなった。

　第6章では，第2章から第5章までの4シーズンにわたるMCSの実務や
その変化に対して，MCSの先行研究を踏まえて考察を行っている。考察の
結果，オックスフォード・ユナイテッドFCのような下部リーグの小規模な
プロサッカークラブでも，個人成績に基づくボーナスを用いた成果コントロ
ール一辺倒ではなく，定性的・定量的な行動目標を用いた行動コントロール
と，チーム成績に基づくボーナスや罰金制度を用いた文化コントロールも同
様に重視されているなど，MCS理論からみても理想的で体系的なMCSが構築・
運用されていた。また，経年調査により追跡することができたMCSの変化
の方向性も，MCS理論によって指摘されている，客観性・管理可能性・適
時性・公平性といったコントロールの有効性の要素を高めるものとなってお
り，それがチーム成績の向上という形で現れていた。そして，インセンティ
ブ・システムには，成果コントロールと文化コントロールを組み合わせたも
のや，行動コントロールに文化コントロールが組み込まれたものが多く，チ
ームスポーツのプロフェッショナル組織では，むしろ行動規範や集団報酬な
どを用いた文化コントロールが重視されているという示唆を得ることができ
た。

　終章では，本書によって得られた知見を整理するとともに，インセンティ
ブ・システムの重複による副作用の問題など，今後の研究課題を提示している。

　本書のリサーチ・サイトとして協力をいただいたオックスフォード・ユナ
イテッドFCとのご縁について紹介したい。1999年9月，大学の夏季休暇中
に4週間，オックスフォードに語学留学した。ホストファミリーがオックス
フォード・ユナイテッドFCを応援しており，ホームでの試合観戦に連れて
行っていただいた。当時はスタジアム脇の店舗でしか売られていなかったユ
ニフォームを購入し，日本に持ち帰った。2002年6月の日韓ワールドカップ

で，アルゼンチン対イングランドの試合を観戦するためにシャトルバスの発着場所であった札幌の大通公園へ向かったが，そこで後の人生に影響を与える奇跡的な出会いがあった。OXFORDの文字を入れた聖ジョージ旗（イングランド旗）を掲げている２人組の英国人を見かけたので，オックスフォード・ユナイテッドFCのユニフォームを着て，写真を一緒に撮り合って別れた。その２週間後，オックスフォードのホストファミリーから「お前がオックスフォードの新聞に載っているぞ！」と連絡が来た。彼らは英国に帰国後，地元新聞社に「日本でオックスフォード・ユナイテッドFCのファンに遭遇した！」と写真付きで投稿していたのである。その出来事がきっかけで，当時の会長であったフィロズ・カッサム氏（Firoz Kassam）や，当時はマッチデー・プログラムの編集者であったクリス・ウィリアムズ氏（Chris Williams）など，スタッフにも知られることとなったのである。それ以降，訪英してオックスフォード・ユナイテッドFCの試合を観戦する度に，現地のファンやスタッフとも親交を深めていった。長きにわたるインテンシブな調査が実現できたのも，前出のクリス・ウィリアムズ氏やミック・ブラウン氏（Mick Brown），マイケル・アップルトン氏（Michael Appleton），ジョンティ・キャッスル氏（Jonty Castle），ダン・ボンド氏（Dan Bond）などのおかげであり，記して感謝申し上げたい。

　本書を上梓するにあたっては実に多くの方々のお力添えを賜った。この場を借りて，お礼の言葉を述べさせていただきたい。
　まず，北海道大学の学部・大学院の指導教官であり，筆者を学問の道へと導いて下さった吉見宏先生（北海道大学教授）に感謝申し上げたい。学部ゼミ在籍当時，先生が研究なさっていたブランド会計を端緒として，筆者も無形資産会計や人的資源会計へと関心を持つこととなった。ご指導を受けた８年間は人生のなかでかけがえのないものとなっている。

　また，九州大学大学院の指導教官である丸田起大先生（九州大学教授）に
も感謝の気持ちを言葉では言い尽くせない。筆者が取り組んできた人的資源
会計について，管理会計の切り口で研究する方法を教わり，博士論文の執筆
に取り組むことができた。

　同じく，博士論文執筆にあたっては，大下丈平先生（九州大学名誉教授）
と大石桂一先生（九州大学教授）からも有益な示唆をいただいた。先生方に
は，改めてお礼を申し上げたい。

　会計関連学会（日本会計研究学会，会計理論学会，日本管理会計学会，九
州経済学会）では，西村明先生（九州大学名誉教授・別府大学元学長），浅
川哲郎先生（九州産業大学教授），木村眞実先生（東京都市大学准教授），水
島多美也先生（中村学園大学准教授），足立俊輔先生（下関市立大学准教授），
末盛泰彦氏（麻酔指導医），黒瀬浩希氏（コカ・コーラボトラーズジャパン
ビジネスサービス株式会社），水野真実氏（九州大学専門研究員）のほか，
諸先生方から貴重なご意見をいただいた。日本スポーツマネジメント学会では，
井上俊也先生（大妻女子大学教授），大野貴司先生（帝京大学准教授），菅文
彦先生（大阪成蹊大学准教授）のほか，諸先生方からスポーツマネジメント
の視点による示唆をいただいた。今後もご指導をいただければ幸いである。

　加えて，本書の出版にあたって快適な研究環境を与えてくれた熊本学園大
学の教職員の方々にもお礼を申し上げたい。とりわけ大学院会計専門職研究
科専任教員の先生方（末永英男先生，佐藤信彦先生，成宮哲也先生，新改敬
英先生）には，いつも励ましの声をかけていただき，自分の精神的な支えと
なっていた。本書が今後，熊本学園大学に何らかの形で貢献することができ
れば幸甚である。

　そして、プロサッカークラブの会計研究の世界的権威であるスターリング
大学（University of Stirling）のスティーブン・モロー先生（Stephen
Morrow）には，スコットランドにある先生の研究室に押し掛けた際も暖か

く迎えていただき，研究の過程で貴重な助言をいただいた。今後も交流が続くことを願っている。

　出版が困難な情勢下で，「プロサッカークラブ」「マネジメント・コントロール・システム」という，書店のどこに陳列されるかもわからないような本書の出版を後押ししていただき，本書の校正に最後まで丁寧な作業を心がけてくださった同文舘出版の青柳裕之氏と同社の関係者の方々に，厚くお礼を申し上げたい。

　最後に私事であるが，今日まで経済的にも精神的にも支え続けてくれた家族，父・秀美，母・幸美，妹・麻里子，妻・加奈子，3人の娘（英里奈，桜歌，佳歩）に感謝の意を表して締めくくることにしたい。

2020年9月

熊本にて新型コロナの終息と英国再訪を待ち望む

角田　幸太郎

＊本書は，日本学術振興会の科学研究費補助金（若手研究18K12915）の成果である。また，本書刊行にあたり，熊本学園大学出版会の助成を受けたことを付記して謝意に代える。

目次

第2章　2013/14シーズン以前のMCS

第3章　2014/15シーズンのMCS

第4章　2015/16シーズンのMCS

第5章　2016/17シーズンのMCS

第6章　考察

終　章　本書の成果と課題

インタビュー者一覧（掲載頁）

プロサッカークラブの
マネジメント・コントロール・システム

—オックスフォード・ユナイテッドFCの事例—

序 章

問題の所在と
リサーチ・クエスチョン

I 研究の背景と目的

　本書は，プロフェッショナル組織としてのプロサッカークラブにおいて，マネジメント・コントロール・システム（Management Control System，以下，MCS）が体系的に構築・運用されており，MCSの効果を高める方向に施策を改善するにつれて，チーム成績も向上していったプロセスを，MCS理論の観点から経時的に分析・考察した研究である。

　プロフェッショナル組織におけるMCSに関しては，病院など非営利的組織をリサーチ・サイトとする研究は多く存在しているが（例えば衣笠[2013]），そこでは財務的なインセンティブは有効ではないとされてきた（アンソニー＝ヤング[2010]）。しかし，本書で対象とするプロサッカークラブもプロフェッショナル組織の一種とされており（Anthony et al.[2014]），プロサッカークラブのようなプロフェッショナル組織に対しては，財務的なインセンティブ・システムは有効であると考えられる。

　プロサッカークラブにおいてどのようなMCSが構築・運用されているのかについては，近年，世界的に有名なプロサッカークラブの具体的事例が明らかにされ始めている。

　まず，スペインの代表的なプロサッカークラブであるFCバルセロナ（Fútbol Club Barcelona，以下，FCB）の元最高責任者であるフェラン・ソリアーノ氏は，ソリアーノ[2009]でFCBにおけるMCS実務を明らかにした。例えば，図表 序-1に示す給与査定システムを構築し，全選手の報酬をランク付けしていた（191頁）。各選手の契約更新の際には報酬をランク付けした表を公開し，クラブ内での各選手の位置づけを客観的に確認させた（186頁）。そして，各シーズンの終わりに選手全員の成績を見直し，ガイドラインに照らし合わせて，チームに貢献した選手がいれば，契約期間や出来高に

関する契約内容の改善を提案した（191頁）。

図表 序-1　FCBにおける給与査定システム（全選手の報酬をランク付けした表）

	GKおよびDF	MF	FW
A ラ ン ク	選手 1　(6.0, 3.0, 29, 2011) 選手 2　(5.5, 2.5, 26, 2012)	選手11　(7.0, 3.0, 28, 2011)	選手17　(8.0, 4.0, 28, 2009) 選手18　(8.0, 4.0, 29, 2010) 選手19　(7.0, 3.0, 27, 2012)
B ラ ン ク	選手 3　(3.5, 1.5, 30, 2009) 選手 4　(3.0, 2.0, 28, 2010) 選手 5　(2.5, 1.5, 23, 2014) 選手 6　(2.5, 1.0, 29, 2009)	選手12　(4.5, 2.0, 30, 2009) 選手13　(4.0, 2.0, 29, 2012) 選手14　(3.5, 2.0, 28, 2010)	選手20　(4.0, 2.0, 29, 2012) 選手21　(3.0, 2.0, 30, 2009)
C ラ ン ク	選手 7　(1.5, 1.0, 23, 2009) 選手 8　(1.2, 1.0, 21, 2011) 選手 9　(1.2, 1.0, 19, 2013) 選手10　(1.0, 1.0, 20, 2010)	選手15　(2.0, 1.0, 25, 2010) 選手16　(1.0, 1.0, 21, 2012)	選手22　(1.0, 1.0, 18, 2013)

(注)　各選手のカッコ内の数字は，左から順に固定給（単位€000,000），出来高（単位€000,000），年齢，
　　　契約期限を表す。例えば，選手15は固定給€2,000,000，出来高€1,000,000，25歳，契約期限2010年
　　　である。
(出所)　ソリアーノ［2009］187頁の図18に一部加筆。

　また，図表 序-2に示す業績評価システムを構築し，客観的な貢献度に応
じた新たなボーナス制度を設定した（190頁）。例えば，図表 序-2に示した
選手15（固定給€2,000,000，出来高の最高は€1,000,000）がボーナスを受け
取る資格は，以下の客観的な要件で判断されていた。

1．まず，出場試合数が基準となり，全試合の60％以上に出場したかどう
　　か（レギュラークラスの選手と控え選手を分ける数値）で区分される。
　　怪我で欠場した試合は含まれず，また，1試合当たり45分以上プレイす
　　れば，1試合に出場したとみなされる。
2a．全試合の60％以上に出場した場合は，60％以上の試合出場という個
　　人要件のボーナスが得られ，さらに，チーム成績に準じたボーナスを満
　　額受け取ることができる。

２ｂ．試合に出場したのが全試合の60％未満の場合は，個人要件のボーナスは得られず，チームに対する貢献度も低いことから，チーム成績に準じて受け取れるボーナスも半額となる。

これらのシステム導入の結果，選手一人ひとりのやる気が上がり，チームに調和する良い働きをするようになったと述べている。

図表 序-2　FCBにおける業績評価システム
（客観的な貢献度に応じたボーナス制度）
（例）固定給€2,000,000，出来高の最高€1,000,000の選手の場合

	個人要件のボーナス	チーム成績に準じたボーナス			
	全試合の60％以上に出場	UEFAチャンピオンズ・リーグに出場	UEFAチャンピオンズ・リーグで優勝	国内リーグ戦で優勝	国内カップ戦で優勝
全試合の60％以上に出場	€200,000	€200,000	€300,000	€200,000	€100,000
全試合の60％未満に出場	€0	€100,000	€150,000	€100,000	€50,000

（出所）ソリアーノ［2009］189頁の図19に一部加筆。

次に，英国の代表的なプロサッカークラブであるマンチェスター・ユナイテッドFC（Manchester United Football Club，以下，MUFC）の元監督であるAlex Ferguson氏は，Ferguson and Moritz［2015］でMUFCのMCS実務を明らかにした。例えば，規律（discipline）を徹底し（p.29），規律に反することをした場合はさまざまな処分を行い（pp.32-33），規律の一貫が勝利をもたらすとしている（p.36）。そして，選手とは一定の距離を保つように心掛けており（p.120），一貫した基準で公平に選手を律していた（p.127）。

また，選手に対して主観的な評価基準と客観的な評価基準の両方を用いる
ランク付けを行ったり（p.111），チーム目標を少しずつ切り分けて設定した
りしたが（p.114），個々の選手に得点数などの特定のノルマを課したことは
なかった（p.116）。なお，2000年代初めから，ビデオ分析システムを導入し
たとしている（p.294）。

ボーナス制度については，以前は勝利ボーナスが存在していたが（p.256），
プレミア・リーグができ，規模の大きなヨーロッパの大会が開催されるよう
になって，選手が莫大にお金を稼ぐようになった昨今，トップリーグのチー
ムでは，出場ボーナス，勝利ボーナス，得点ボーナスのような，複雑で数ペ
ージにわたるようなインセンティブ・システムは，ほぼ消滅している（p.267）
と述べている。

以下は，Ferguson and Moritz ［2015］で付録として開示されていた，
1980年代後半のMUFCにおけるボーナス制度に関する公式文書の詳細である。
長文であるが重要なので紹介する。

1．基本は週給である。

2．トップチームのリーグ戦で，先発出場または途中出場した場合，以下
　を受け取ることができる。

　a．勝ち点1ポイントにつき£100（勝利は3ポイント，引き分けは1
　　ポイント）

　b．加えて，1部リーグで優勝した場合，£100,000がトップチームに付
　　与される。このボーナスは，個々のリーグ戦出場数を基に計算して分
　　け与えられる。

（例）ある選手が38試合すべてに出場した場合，£100,000の13分の1[1]
にあたる£7,692を受け取ることができる。

  c．加えて，1部リーグで4位以内に入った場合，またはUEFA主催のカ
   ップ戦出場権を獲得した場合，£25,000がトップチームに付与される。
   これは，リーグ戦に優勝した場合（b．に該当の場合）は除外される。

  d．トップチームの親善試合で勝利した場合は£100，引き分けた場合
   は£50が付与される。

  e．上記は1部リーグに所属している場合のみである。クラブが降格し
   た場合の支給額はいずれも半額となる。

3．FAカップの試合で，先発出場または途中出場して勝利した場合，以
 下のボーナスを受け取ることができる。

  a．3回戦 £400
    4回戦 £500
    5回戦 £600
    6回戦 £750
    準決勝 £1,500
    決　勝 £2,500

  b．決勝で先発出場，または途中出場した場合，£1,000が付与される。

  c．カップ戦で引き分けた場合，勝利ボーナスの半額が付与される。

  d．加えて，カップ戦で優勝した場合，£40,000がトップチームに付与
   され，個々のカップ戦出場試合数を基に分け与えられる。

4．リーグ・カップの試合で，先発出場または途中出場して勝利した場合，
 以下のボーナスを受け取ることができる。

---

1 1980年代後半当時のベンチ入り控え選手は2名のみであった。すなわち，1試合当たりの出場選
 手数は先発出場選手11名に途中出場選手2名を加えた13名であった。それゆえ，報酬配分は13分の
 1となる。

  ａ．２回戦　£400

   ３回戦　£400

   ４回戦　£500

   ５回戦　£600

   準決勝　£2,000

   決　勝　£2,500

  ｂ．決勝で先発出場，または途中出場した場合，£1,000が付与される。

  ｃ．カップ戦で引き分けた場合，勝利ボーナスの半額が付与される。

  ｄ．ホーム＆アウェイで２戦ある場合，１戦のみ出場した選手でも，勝
   利ボーナスの満額が付与される。

  ｅ．加えて，カップ戦で優勝した場合，£40,000がトップチームに付与
   され，個々のカップ戦出場試合数を基に分け与えられる。

５．UEFAチャンピオンズ・カップの試合で，先発出場または途中出場し
 て勝利した場合，以下のボーナスを受け取ることができる。

  ａ．１回戦　£1,000

   ２回戦　£1,250

   ３回戦　£1,500

   準決勝　£2,500

   決　勝　£3,000

  ｂ．決勝で先発出場，または途中出場した場合，£1,000が付与される。

  ｃ．ホーム＆アウェイの２戦で，１戦のみ出場した選手でも，勝利ボー
   ナスの満額が付与される。

  ｄ．加えて，カップ戦で優勝した場合，£40,000がトップチームに付与
   され，個々のカップ戦出場試合数を基に分け与えられる。

６．UEFAカップ・ウィナーズ・カップの試合で，先発出場または途中出
 場して勝利した場合，以下のボーナスを受け取ることができる。

a．１回戦　£1,000

　　　２回戦　£1,250

　　　３回戦　£1,500

　　　準決勝　£2,500

　　　決　勝　£3,000

　　b．決勝で先発出場，または途中出場した場合，£1,000が付与される。

　　c．ホーム＆アウェイの２戦で，１戦のみ出場した選手でも，勝利ボーナスの満額が付与される。

　　d．加えて，カップ戦で優勝した場合，£30,000がトップチームに付与され，個々のカップ戦出場試合数を基に分け与えられる。

　7．UEFAカップの試合で，先発出場または途中出場して勝利した場合，以下のボーナスを受け取ることができる。

　　a．１回戦　£1,000

　　　２回戦　£1,250

　　　３回戦　£1,500

　　　４回戦　£2,000

　　　準決勝　£2,500

　　　決　勝　£3,000

　　b．決勝で先発出場，または途中出場した場合，£500が付与される。

　　c．ホーム＆アウェイの２戦で，１戦のみ出場した選手でも，勝利ボーナスの満額が付与される。

　　d．加えて，カップ戦で優勝した場合，£30,000がトップチームに付与され，個々のカップ戦出場試合数を基に分け与えられる。

　8．トップチームの試合で怪我をした場合，監督の判断した期間にわたって，基本給とボーナスの満額を，それぞれ受け取ることができる。

　9．トップチームの試合でベンチ入りのみの場合，基本給と，試合に出場

した選手が当該試合で受け取るボーナスの半額を，それぞれ受け取ることができる。

10. その他の試合

上記以外の試合では，取締役がボーナスを設定する。

11. 親善試合（2. d. と同じ）

トップチームの親善試合で勝利した場合は£100，引き分けた場合は£50が付与される。

12. リザーブチーム

勝利した場合は£10，引き分けた場合は£5が付与される。

　このように，FCBやMUFCのような海外のいわゆるビッグクラブでは，リーグ戦やカップ戦の回戦別に，ボーナスの支給基準や支給額，その配分条件などが，非常に詳細に規定されていることが明らかとなった。また，選手の評価基準の設定や規律の徹底といった，MCSに該当すると思われる仕組みも，併せて重視されていることが明らかになった。

Ⅱ　リサーチ・クエスチョン

　以上の事例は，いずれも高年俸で複数年契約の選手を多く抱えるトップリーグのビッグクラブのものに限られており，またその情報も自伝で言及されているような断片的で逸話的なものであるが，プロサッカークラブのようなプロフェッショナル組織でも間違いなくMCSが設計・運用されていることの証左といえる。果たして，このようなMCSはビッグクラブに限った実務であるのか。また，その設計・運用・変更には最高責任者や監督はどのように関わっているのか。さらに，そのMCSの下でマネジメントされる選手の

側はその仕組みをどのように受け止めているのか。

　そのような問題意識から，本書では，既に経済的にも社会的にも重要な存在となっているプロフェッショナル組織としてのプロサッカークラブについて，ビッグクラブではなく，単年契約の選手が主体の，下部リーグの小規模なプロサッカークラブのほうが，MCSの意義や効果をより純粋に検証できるのではないかと考え，事例研究の手法を用いて，学術研究の手続きに従ってデータを収集し，その仕組みや変化に対する，既存のMCS理論の説明力やMCS理論の修正の必要性について考察する。

Ⅲ　本書の構成

　本書の構成は以下の通りである。

　第1章では，プロサッカーの会計，MCS，インセンティブ・システムに関する先行研究のレビューを行う。そして，本研究におけるリサーチ・デザインについて説明し，研究方法，リサーチ・サイトの概要，調査の経過を紹介する。

　第2章から第5章までは，考察のためのデータとして，リサーチ・サイトのシーズン毎のMCS実務の特徴や変遷，および各シーズンのチーム成績について，チームスタッフや選手に対して行ったインタビューを通じて得た情報を整理する。

　第6章では，第2章から第5章で得られたデータを踏まえて，リサーチ・サイトのMCS実務やその変化とチーム成績の関連性について，MCS理論の観点から分析・考察を行っていく。

　終章では，本研究で得られた成果を整理し，残された課題について言及を行う。

第1章

先行研究のレビューと
リサーチ・デザイン

I ｜ 先行研究

1. プロサッカーに関する会計研究

　プロサッカー業界やプロサッカークラブを研究対象とした財務会計の研究は，1990年代以降，多く行われてきた。

　例えば，Morrow［1992; 1995］，菅原［2001］，Rowbottom［2002］，白石［2003］，Amir and Livne［2005］，角田［2006; 2008; 2012; 2014; 2015a］では，1990年代以降の英国プロサッカークラブにおいて，選手に関わって支出した金額を実務上，資産計上している事例が分析されている。

　Morrow［1992］によれば，英国では他クラブから選手を引き抜く際に支出した金額についての伝統的な会計処理は移籍金（transfer fees）として即時費用処理する方法であったが，Rowbottom［2002］によれば，1995年当時は選手移籍金の会計処理方法は即時費用償却する方法の他，固定資産や流動資産として資産計上する方法も存在していた。

　角田［2014］によれば，英国プロサッカークラブのひとつであるトッテナム・ホットスパーFC（Tottenham Hotspur Football Club，以下，THFC）では，1989年の時点から，それ以前の「選手登録の移籍に関して他のサッカークラブと収受した金額は，関連する費用とともに，移籍が行われた年度の損益計算書に計上される」方法から，「選手登録の費用は資産化し，見積残存価値を残して，選手の契約期間にわたって償却される」方法へと変わった。1997年12月に英国会計基準審議会（Accounting Standards Board：ASB）からFRS10（Financial Reporting Standard 10: Goodwill and Intangible Assets，財務報告基準第10号：のれんと無形資産）が公表され，選手移籍金の会計処理が資産計上に統一された。すなわち，他クラブから選手を引き抜

く際に支出した金額は選手登録権（players' registrations）という無形資産（intangible assets）として貸借対照表に計上することが定められた。

　角田［2015a］では，1980年代から現在にかけての選手価値の会計と開示の変遷を体系的にまとめ，その過程で，英国プロサッカークラブにおいて，年次報告書で取締役による選手に関する価値評価が言及されるようになった最古の事例はハート・オブ・ミドロシアンFC（Heart of Midlothian Football Club）における1984年の年次報告書であること，また，他クラブから選手を引き抜く際に支出した金額を選手登録権という無形固定資産として計上し始めた事例はTHFCにおける1989年の年次報告書であること，そしてその会計方針変更の理由についても明らかにしている。

　英国以外の会計処理について，Risaliti and Verona［2013］によれば，イタリアのプロサッカークラブでも他クラブから選手を引き抜く際に支出した金額を選手登録権（players' registration rights）として資産計上しているが，角田［2012］によれば，日本のプロサッカークラブでは長期前払費用として計上している。すなわち，年代によっても国によっても異なる会計処理が行われてきたゆえ，複数の研究者によって盛んに研究がなされてきたテーマである。

　Morrow［1999］によれば，英国プロサッカークラブでは株式上場に伴う選手価値の評価や開示などの会計問題が生じたこと，Risaliti and Verona［2013］によれば，イタリアのプロサッカークラブでは1990年代後半から2000年代前半にかけての選手登録権の高騰が原因で，その後，財政危機に陥るクラブが続出したこと，Barajas and Rodríguez［2010］によれば，スペインのプロサッカークラブでは選手に支払う給与の高騰が原因で各クラブの財政は危機的状況にあることが指摘され，Barajas and Rodríguez［2013］においては，スペインサッカーにはファイナンシャル・セラピーが必要で，費用削減を行うとともに資本投入すべきであるという指摘がなされている。

クーパー＝シマンスキー［2010］によれば，英国プロサッカークラブにおいては年俸総額とリーグ順位には相関関係があることが指摘され，Dobson and Goddard［2011］では，人件費をどう決めるかという研究がなされている。

Shareef and Davey［2005］では，英国フットボールクラブを対象として知的資本の会計処理の研究がなされており，また，Martín Lozano and Carrasco Gallego［2011］では，スペインのセビージャFC（Sevilla Fútbol Club）の事例を基に自前で育てた選手と他クラブから獲得した選手とがクラブにもたらす収益の相異について研究がなされている。

プロサッカークラブ内部の実務に関する事例として，Carlsson-Wall et al.［2016］では，スウェーデンのあるプロサッカークラブにおいてインタビュー調査が行われ，リーグ上位３位以内という目標設定や，走力，パス成功率，ボール保持率，クロス成功率，ゴール成功率などの選手の業績尺度，および対戦相手の分析，といったMCSの一部に関して言及がみられる。

2. MCSに関する先行研究

MCSのフレームワークとして広く支持されているMerchant and Van der Stede［2012］では，成果コントロール（results control），行動コントロール（action control），文化コントロール（cultural control）といった，コントロールの対象を軸としたフレームワークが用いられている。行動コントロールや文化コントロールは成果コントロールを補完する関係にあるとされている（p.40）。

成果コントロールは，①成果の明確な定義（defining performance dimensions），②成果の尺度と目標の設定（setting performance targets），③成果の実績の測定（measuring performance），④成果と報酬の結び付け（providing rewards），などの要素で構成される。成果の明確な定義には，組織全体の目標との整合性（congruence）が必要とされる。成果の尺度と

目標の設定には，尺度のウェイト（weightings）の明示，目標の明確さ（specific），および管理可能性（controllability）が必要とされる。成果の実績の測定には，測定の客観性（objectivity），正確性（precision），適時性（timeliness），理解容易性（understandability），および費用対効果（cost-efficiency）が必要とされる。成果と報酬の結び付けは，個人成果と個人報酬の問題であり，報酬には外生的（extrinsic）なものだけでなく内発的（intrinsic）なものもある（pp.33-36）。個々人の報酬に対する考え方に合わせて報酬制度を構築しなければ，不公平感（unfairness）を招き，モチベーションを悪化させる（p.36）。成果コントロールは，プロフェッショナル組織に向いているとされている（p.30）。

　行動コントロールは，①行動への制約（behavioral constraints），②事前行動レビュー（preaction reviews），③行動説明責任の付与（action accountability），などの要素で構成される。行動への制約には鍵，パスワード，IDカードなどの物理的制約（physical constraints）や意思決定権の制限のような管理的制約（administrative constraints）がある。事前行動レビューとは，計画段階で行動に事前承認を与えることである。行動説明責任の付与では，容認される行動を明確に定義・伝達し，観察などを通じて行動を跡付け，行動結果と賞罰を結び付ける（pp.81-84）。行動の跡付けには，正確性（precision），客観性（objectivity），適時性（timeliness），および理解容易性（understandability）が必要とされる。行動コントロールが有効に機能するためには，望ましい行動の知識（knowledge of desired actions），および望ましい行動をとらせる能力（ability to ensure that desired actions are taken）が必要とされる（pp.86-88）。

　文化コントロールは，①行動規範（codes of conduct），②集団報酬（group rewards），などの要素で構成される。行動規範には，明文化された明示的規範の研修教育だけでなく，相互監視による非明示的な規範の浸透も含まれ

る。集団報酬では，個人報酬を集団成果と結び付けて，相互圧力でチームワークを促す効果が期待されている（pp.90-94）。

3. インセンティブ・システムに関する先行研究

　インセンティブ・システムは，パフォーマンスをベースとした報酬を意味し，組織の目標と従業員の自己利益の一致のための推進力を提供する（pp.368-369）。

　金銭的なインセンティブ・システムは，①基本給（salary）の昇給，②短期的インセンティブ，③長期的インセンティブ，という3つのカテゴリーに分類される。短期的インセンティブ・システムは，業績測定期間は通常1年以内で，測定ベースは個人業績または集団業績とされる（pp.370-377）。図表1-1は，短期的なボーナスの決定のために多くの企業で用いられている，業績と報酬額の関係を描いた一般的なモデルである。

図表1-1　短期的なペイ・パフォーマンス関係の一般的な形態

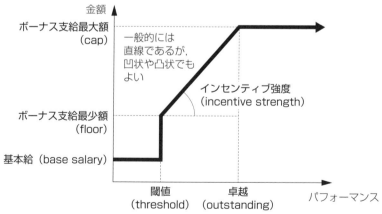

（出所）Merchant and Otley［2007］Figure1, p.797.

図表1-1では，業績の目標最低値に設定された閾値（threshold）に達するまでは，基本給（base salary）のみが支払われる。業績が閾値に達すると，基本給に加えて，ボーナス支給最少額（floor）が支払われるようになり，ボーナス支給最大額（cap）となる卓越（outstanding）に業績が達するまで，ボーナス額は増加する。ボーナス額の増え方は，直線状や凹状，凸状，階段状などがあり，増加の傾きは，インセンティブ強度（incentive strength）と呼ばれる。

Ⅱ　リサーチ・デザイン

1.　研究方法

序章や先行研究で言及した通り，現状ではプロサッカークラブのMCS実務に関する情報は限定的かつ断片的であるため，本書では，まずMCS実務に関する詳細を厚みのある記述でもって明らかにすることに意義を認め，なぜ特定の文脈において特定のMCSが設計・運用されているのかについて，当事者の意図を解釈することによって，ある文脈において実践されている実務の合理的根拠を説明する仮説の構築に結び付けるための，探索的ケーススタディの方法を採用した（スミス［2015］）。

データの収集は，インタビュー，組織の観察，内部資料の入手などによって行った。入手した資料や写真はすべて使用許可を得た。守秘義務のために金額については仮設とした。

2. リサーチ・サイトの概要

　本書では，英国プロサッカークラブのひとつであるオックスフォード・ユ
ナイテッド（Oxford United Football Club，以下，OUFC）をリサーチ・サ
イトとした。本書のリサーチ・クエスチョンに照らして，単年契約の選手が
主体で，下部リーグ所属の，国内外の複数のプロサッカークラブにインタビ
ュー調査の依頼を行ったところ，一部のクラブについては関係者からの情報
収集を進めることができたが，社内資料の閲覧や複数年にわたる調査への理
解など，最も協力を得られたのがOUFCであった。OUFCをリサーチ・サイ
トとして，MCSの実務やその変化について，インタビュー手法を用いてデー
タを収集し，MCSのフレームワークとして広く支持されているMerchant
and Van der Stede［2012］の成果コントロール・行動コントロール・文化
コントロールというMCSのフレームワークやインセンティブ・システムの
理論に基づいて分析を行うこととした。

　OUFCは，英国オックスフォードを本拠地とするサッカークラブであり，
単年契約の選手が主体で，すべての選手がプロ契約しているプロチームであ
る。長い歴史があり，1893年10月27日にヘディントンFC（Headington
Football Club）として設立され，翌1894年にヘディントン・ユナイテッド
FC（Headington United Football Club）と改称された。1960年に現在の名
称となり，1962/63シーズンに初めてプロリーグへ昇格を果たした。2018/19
シーズンに創立125周年を迎えた。調査開始時点ではFootball League Two
（以下，FL2。実質4部）に所属していたが，調査期間中にFootball League
One（以下，FL1。実質3部）に昇格し，現在も残留している。

　イングランドのプロサッカーリーグは4部構成で，全92のプロサッカーク
ラブで構成されている。リーグの名称は，図表1-2のように近年3度変わっ
た。現行の4部構成となった1958/59シーズンから1991/92シーズンまでは

Football League First Division（以下，旧FL1部），Football League Second Division（以下，旧FL2部），Football League Third Division（以下，旧FL3部），Football League Fourth Division（以下，旧FL4部）という名称であったが，旧FL1部が独立してPremier League（以下，PL）を組織した1992/93シーズンからはPL，Football League First Division（以下，FL1部），Football League Second Division（以下，FL2部），Football League Third Division（以下，FL3部）という名称となった。さらに，イングランドのプロサッカーリーグが125周年を迎えた2004/05シーズンからはFL1部からFL3部までの名称が変わり，PL，Football League Championship（以下，FLC），FL1，FL2となった。したがって，実質4部にあたるのは，1991/92シーズンまでの旧FL4部，1992/93シーズンから2003/04シーズンまでのFL3部，2004/05シーズンからのFL2である。また，The Football Leagueの2015年11月12日の公式声明に基づくと，「商標のリブランド化を図るべく，2016/17シーズンに先立って，組織としてのThe Football LeagueはEnglish Football Leagueに改称し，日常的には短縮名称EFLを用いる」こととなり，現在に至っている。

図表1-2　イングランド・プロサッカーリーグにおけるリーグ名称の変遷

シーズン／レベル	1958/59～1991/92	1992/93～2003/04	2004/05～2015/16	2016/17～
実質1部	Football League First Division	Premier League		
実質2部	Football League Second Division	Football League First Division	Football League Championship	EFL－Championship
実質3部	Football League Third Division	Football League Second Division	Football League One	EFL－League One
実質4部	Football League Fourth Division	Football League Third Division	Football League Two	EFL－League Two

（出所）Brodetsky［2012］とAnderson［2011; 2012; 2013; 2014; 2015; 2016; 2017］を基に筆者作成。

図表1-3はOUFCとなった1960/61シーズン以降の所属リーグレベルの変遷を表したものである。2006/07シーズンから2009/10シーズンまでの連続した4シーズンは実質5部，すなわち，ノン・プロリーグであるFootball Conference Premier（以下，FCP。ただし2006/07シーズンの名称はFootball Conference National）に所属していたこともあったが，2010/11シーズン以降は再びプロリーグ所属となっている。かつて，1985/86シーズンから1987/88シーズンまでの連続した3シーズンは，実質1部である旧FL1部に所属していたことがあり，1985/86シーズンはリーグ・カップで優勝を果たしたこともある。

　OUFCの組織は，図表1-4のように，ウェブサイトやマッチデー・プログラムなどを作成する広報部門，グッズやチケットを販売する販売部門などに分かれているが，監督やコーチング・スタッフ，選手はサッカー部門に属している。

図表1-3　OUFCにおける1960/61シーズン以降の所属リーグレベルの変遷

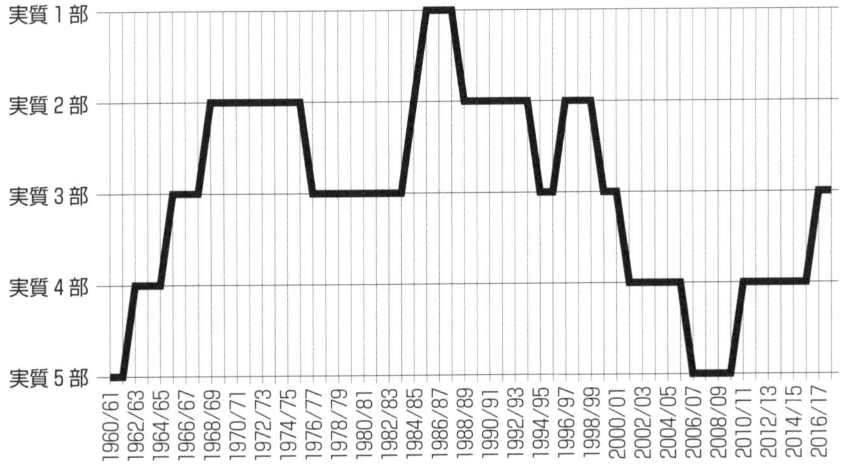

（出所）Brodetsky［2012］とAnderson［2011; 2012; 2013; 2014; 2015; 2016; 2017］を基に筆者作成。

図表1-4　OUFCの組織図

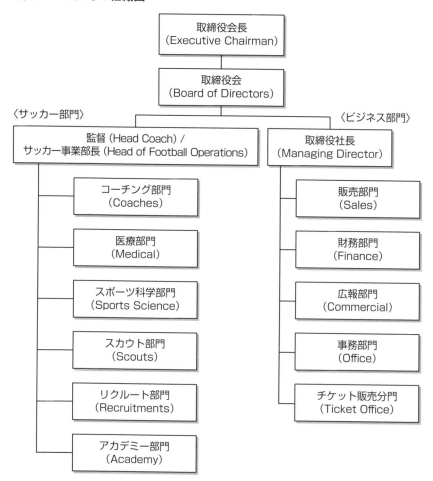

（出所）第9回調査でJonty Castle氏が書いた図を基に筆者作成。

3. 調査の経過

　リサーチ・サイトに対する調査の経過は，図表1-5にまとめた通りである。
延べインタビュー日数は17日，延べインタビュー時間は10時間55分，延べイ
ンタビュー人数は38名であった。インタビューはビデオカメラで録画，また
は，ICレコーダーで録音し，証言を書き起こした。

図表1-5　調査の経過

	年月日	場所	所要時間	インタビュー相手
第1回調査	2011年2月28日	本社(Oxford)	35分	Kelvin Thomas氏（会長）とSusannah Maxa氏（財務担当取締役）
第2回調査	2014年2月27日	本社(Oxford)	25分	Paul Wright氏（財務担当取締役）
第3回調査	2014年3月3日	Wright氏のオフィス(London)	50分	Paul Wright氏
第4回調査	2014年3月10日	練習場(Oxford)	15分15分	Mickey Lewis氏（暫定監督）Dan Bond氏（ビデオアナリスト）
第5回調査	2014年8月28日	練習場(Oxford)	10分15分15分	Michael Appleton氏（監督）Dan Bond氏Mark Thomas氏（人事部門兼パフォーマンス分析長）
第6回調査	2014年8月29日	本社(Oxford)	15分5分	Mark Ashton氏（最高経営責任者）Dan Bond氏
第7回調査	2015年8月31日	本社に隣接するホテル(Oxford)	15分	Dave Waterman氏（元選手）

第8回調査	2015年9月1日	練習場(Oxford)	15分 15分 15分 10分	Derek Fazackerley氏（助監督） Jake Wright氏（主将） Michael Appleton氏 Chris Williams氏（コミュニケーション・マネージャー）
		本社(Oxford)	15分 15分	Dan Bond氏 Darryl Eales氏（会長）
第9回調査	2016年8月22日	練習場(Oxford)	10分 10分 45分	John Lundstram氏（主将） Scott Daly氏（スポーツ科学主任） Jonty Castle氏（サッカー事業部長）
第10回調査	2016年8月24日	本社(Oxford)	45分	Greig Box Turnbull氏（取締役社長）
第11回調査	2016年8月25日	本社(Oxford)	5分 15分	Chris Maguire氏（選手） Michael Appleton氏
第12回調査	2016年8月26日	本社(Oxford)	10分 5分	Michael Appleton氏 Dan Bond氏
第13回調査	2017年4月2日	Wembley Stadium傍のホテル(London)	15分 10分 15分	Darryl Eales氏（会長）と Mick Brown氏（秘書） Greig Box Turnbull氏 Michael Appleton氏
第14回調査	2018年4月26日	本社(Oxford)	10分	John Elliot氏（スポーツ・セラピスト）
		練習場(Oxford)	10分 20分	Darryl Eales氏 Dan Bond氏
第15回調査	2018年4月27日	本社(Oxford)	80分	Mick Brown氏
		練習場(Oxford)	10分 10分	Karl Robinson氏（監督） Derek Fazackerley氏
第16回調査	2018年4月28日	本社(Oxford)	10分	Simon Eastwood氏（選手）
第17回調査	2018年4月30日	本社(Oxford)	20分	Mark Thomas氏

（出所）調査時の録画・録音データを基に筆者作成。

第2章

2013/14シーズン以前のMCS

I 概要

OUFCの取締役会長（Executive Chairman）は，2012年9月20日よりIan Lenagan氏が務めていた。Chris Wilder氏が2008年12月21日から5年間にわたってOUFCの監督を務めていたが，ノーザンプトン・タウンFC（Northampton Town Football Club）から監督就任のオファーを受けて，2014年1月26日に辞任したため，助監督（Assistant Coach）であったMickey Lewis氏が暫定監督（Caretaker Manager）として指揮を執ることとなった。したがって，インタビュー調査を実施した2014年3月10日当時はLewis氏がサッカー部門のトップであったが，2014年3月22日にGary Waddock氏が正式な監督（Head Coach）に就任した。図表2-1は，インタビュー調査を行った2014年3月10日時点の役職一覧である。

図表2-1　2014年3月10日時点の役職一覧

役職名	氏　名
Executive Chairman	Ian Lenagan
Director	Adirian Lenagan
Community Trust Director	Simon Lenagan
Finance Director	Paul Wright
Commercial Director	Tony Davison
Caretaker Manager	Mickey Lewis
First Team Coach	Andy Melville
Goalkeeping Coach	Wayne Brown
Youth Team Manager	Chris Allen
Physiotherapist	Andy Lord
Head of Sport Science	Alasdair Lane
Sports Therapist	John Elliot

Video Analyst	Dan Bond
Youth Development Officer	Les Taylor
Youth and Community Trust Manager	Richard Blackmore
Secretary	Mick Brown
Marketing Manager	Gerald Kelly
Ticket Office Supervisor	Christine Greenough
Communications Manager	Chris Williams
Financial Controller	John Deeley
Accountant	Peter Dunnill
PA/Executive Assistant	Mary Page
Safety Officer	Adrian Spiers
Club GP	Dr. G. E. Sacks
Business Development Manager	Peter Rhoades-Brown
Business Development Community Manager	Rob Lees
Community Manager	Chris Lowes

（出所）OUFC［2014a］を基に筆者作成。

Ⅱ　チームの年間順位に基づく個人ボーナス

　個人ボーナスについて，2001/02シーズンの途中から2003/04シーズン終了までの2年半にわたりOUFCで選手として活躍したDave Waterman氏は，次のようにコメントした。

　　「私がOUFCの選手だった当時（2000年代前半）は，リーグ最終順位がプレイオフに出場できる7位以内であれば，各選手に対してボーナスが付与される仕組みであった。しかしながら，当時のチームは弱く，シーズン序盤の段階でプレイオフ出場争いからは早々に脱落していたので，

29

モチベーションは高くはなかった。得点ボーナスやアシストボーナス，無失点ボーナスなども，私の知る限りではなかったと記憶している。」（第7回調査より）

主将のJake Wright氏も次のようにコメントした。

「昨シーズン（2014/15シーズン）まではリーグ7位以内に入らなければ，各選手にはボーナスは付与されなかった。」（第8回調査より）

秘書（Secretary）のMick Brown氏から提供された資料によれば，2013/14シーズンのインセンティブ・ボーナスは図表2-2のような内容（ただし金額は仮設）であり，以下のような特徴があった。

まず，Waterman氏のコメントにあった「リーグ最終順位がプレイオフに出場できる7位以内であれば各選手に対してボーナスが付与される仕組み」が，2013/14シーズンにも存在していた。

次に，Waterman氏からは2000年代前半当時にカップ戦ボーナスがあったか否かについて聞くことはできなかったが，2013/14シーズンにはカップ戦ボーナスも存在していた。カップ戦ボーナスは，入場料収入の一定割合が原資とされていた。

最後に，リーグ戦ボーナスもカップ戦ボーナスも，別々にプールされて，「試合出場に関連付けた貢献度」に応じて各選手に配分される仕組みとなっており，いずれも，配分の係数設定は，「先発出場が1，途中出場が0.5，ベンチ入りのみが0.25，ベンチ外が0」であった。

図表2-2　2013/14シーズンのインセンティブ・ボーナス・スキーム

リーグ戦のインセンティブ・スキーム	シーズンを終えて，自動昇格できるリーグ３位以内であれば£65,000，またはプレイオフに出場できるリーグ７位以内であれば£45,000が，リーグ戦ボーナスとして付与される。
シーズン・ボーナスの追加	自動昇格（リーグ３位以内）を果たせば£60,000が追加で付与される。またはプレイオフに出場（リーグ７位以内）し，プレイオフ決勝へ進出すれば£20,000が追加で付与され，プレイオフ決勝で勝利すれば，さらに，£40,000が追加で付与される。
リーグ戦ボーナスの分け方	シーズン終了後，試合出場に関連付けた貢献度に応じて，リーグ戦ボーナスが各選手に配分される。下記の要領で各選手には試合毎に係数が付与され，シーズン終了後，蓄積した係数に応じて分けられる。

リーグ戦１試合での状況	試合毎の係数
先発出場	1
途中出場	0.5
ベンチ入りのみ	0.25
ベンチ外	0

昇格・降格	昇格を果たした場合，翌シーズンは25%増額，降格した場合，翌シーズンは25%減となる。
カップ戦のインセンティブ・スキーム	カップ戦の個々の試合で勝利を収めれば，当該試合の入場料収入の10%をカップ戦ボーナスとして付与する。引き分け再試合となった場合は，引き分けた１試合目の分は保留となり，再試合で勝利すれば１試合目の分の入場料収入も加えた10%をカップ戦ボーナスとして付与する。上部リーグ所属のチームに勝利した場合は，倍増の20%とする。
カップ戦ボーナスの分け方	シーズン終了後，試合出場に関連付けた貢献度に応じて，カップ戦ボーナスが各選手に配分される。以下の要領で各選手には試合毎に係数が付与され，最後のカップ戦終了後，蓄積した係数に応じて分けられる。

カップ戦１試合での状況	試合毎の係数
先発出場	1
途中出場	0.5
ベンチ入りのみ	0.25
ベンチ外	0

（出所）第15回調査におけるBrown氏の提供資料を基に筆者作成（金額は仮設）。

Ⅲ 数項目のKPIに基づく基本給査定

　選手の価値評価に関して，財務担当取締役（Finance Director）のPaul Wright氏は次のようにコメントした。

　　「いかにも移籍市場があるような報道がなされているが，実際には計算式は存在しない。選手の移籍金は具体的な移籍交渉があった際にその都度見積もることとなっており，貨幣額での日常的な価値評価は行っていない。」（第2回調査より）

　プロサッカークラブの会長や取締役が選手の獲得や試合での起用について意見をしたり，試合での選手のパフォーマンスを評価したりすることもあるのかということについて，Wright氏は次のようにコメントした。

　　「取締役会（Board of Directors）は，プロサッカークラブの経営にのみ関わり，試合での戦術や選手起用については口出しを一切しない。選手の管理については監督（筆者注：インタビュー調査を行った当時は暫定監督）に任せており，各選手の試合でのパフォーマンスに対する評価は監督やチームスタッフが行っている。」（第2回調査より）

　前掲の図表1-4に示した組織図のように，OUFCではサッカー部門（Football）とビジネス部門（Business）とに分かれており，選手の管理はサッカー部門のトップである監督に任せられているということであった。
　選手の年俸（基本給や出来高）を決めるのも監督なのかという点について，Wright氏は次のようにコメントした。

　「選手年俸を決定するのは取締役会である。OUFCでは，自主的にサラリーキャップ制を導入しており，監督はそれに関わらず要求するが，チームとしては予算の範囲内でやりくりしてもらう。それゆえ，たとえ良い選手であっても，年俸が高くて費用対効果が小さいと判断されれば，次年度の契約を結ばないという決断をすることもありえる。得点や勝利などへの個人ボーナスの契約内容は選手によって異なる。」（第2回調査より）

　OUFCでは当時，選手の管理や評価にあたって，各選手のパフォーマンスを指標に基づき専門に分析するスタッフを配置していた。ビデオアナリスト（Video Analyst）のDan Bond氏は次のようにコメントした。

　「2012/13シーズンよりビデオアナリストという役職が設置され，大学を卒業したばかりの私が雇われた。仕事内容はビデオ映像を基にした対戦前分析資料の作成である。2013/14シーズンからは，試合での各選手の出来を示すKPIを用いた分析も求められるようになり，ビデオ映像を用いて，個々人だけでなくチーム全体のパフォーマンスも分析している。」（第4回調査より）

　図表2-3は第4回調査でBond氏から提供されたKPIの例であり，出場選手について試合毎にデータを集計しているということであった。

図表2-3　2013/14シーズンに集計されていたKPIの例

・出場時間
・シュート（枠内シュート数，枠外シュート数，枠内シュート成功率）
・クロス（成功数，失敗数，成功率）
・ドリブルでのアタッキングサード（相手ゴール前エリア）突入（成功
　数，失敗数，成功率）
・タックル（成功数，失敗数，成功率）
・シュートブロック（成功数）
・ボールクリア（成功数）
・セットプレイ（成功数，失敗数，成功率）

（出所）第４回調査におけるBond氏の提供資料を基に筆者作成。

Ⅳ　チーム成績

2013/14シーズンの結果をまとめると図表2-4の通りであった。

図表2-4　2013/14シーズンのチーム成績

Sky Bet League Two（FL2）	8位 46試合16勝14分16敗，勝ち点62
The Budweiser FA Cup （FAカップ）	3回戦敗退 1回戦（H）Gateshead（FCP所属）戦，2対2で引き分け 1回戦再試合（A）Gateshead戦，延長1対0で勝ち 2回戦（A）Wrexham（FCP所属）戦，2対1で勝ち 3回戦（A）Charlton Athletic（FLC所属）戦，2対2で引き分け 3回戦再試合（H）Charlton Athletic戦，0対3で負け
Capital One Cup （リーグ・カップ）	1回戦敗退 1回戦（A）Charlton Athletic（FLC所属）戦，0対4で負け
Johnstone's Paint Trophy （FLトロフィー）	南地区2回戦敗退 南2回戦（H）Portsmouth（FL2所属）戦，1対2で負け

（出所）Anderson［2014］を基に筆者作成。

　FAカップは，１・２回戦はFCP（実質５部）所属のクラブに勝利したものの，３回戦でFLC（実質２部）所属のCharlton Athleticと対戦し，再試合の末に敗れた。また，リーグ・カップは１回戦敗退であったが，同じくCharlton Athleticに敗れたものであった。一方で，FLトロフィーは初戦となる２回戦でFL2（実質４部）所属のPortsmouthに敗れた。

　以下，リーグ戦の結果について詳しくみていく。

　図表2-5は，2013/14シーズンのリーグ戦結果である。会場について，ホームでの開催をH，アウェイでの開催をA，中立地での開催をNと表記し，また，結果について，勝ちはW，引き分けはD，負けはLと表記している（以降のシーズンも同じ）。

　先述の通り，監督であったWilder氏が辞任したのは2014年１月26日であり，その後Lewis氏が約２ヶ月間暫定監督を務めた後，2014年３月22日にWaddock氏が監督に就任した。前監督のWilder氏が指揮を執ったリーグ戦26戦目までの成績は，12勝９分５敗の勝ち点45で６位であった。リーグ戦27戦目から38戦目まで指揮を執った暫定監督のLewis氏の下では，12試合で３勝５分４敗の勝ち点14しか稼げなかったが，順位はまだ６位を維持していた。リーグ戦39戦目から最終節の46戦目までを新監督のWaddock氏が率いたものの，８試合で１勝７敗の勝ち点３しか得られず，リーグ戦の最終順位は８位となり，惜しくもプレイオフ出場を逃してしまった。

図表2-5　2013/14シーズンのリーグ戦結果

節	日付	会場	対戦相手	結果		暫定順位	来場者数
1	3-Aug	A	Portsmouth	W	4-1	1	18,181
2	10-Aug	H	Bury	W	2-1	1	5,774
3	17-Aug	A	Torquay United	W	3-1	1	3,176
4	24-Aug	H	Wycombe Wanderers	D	2-2	1	7,100
5	31-Aug	H	Rochdale	D	1-1	2	5,260
6	7-Sep	A	Burton Albion	W	2-0	2	3,416
7	14-Sep	A	Cheltenham Town	D	2-2	2	3,906
8	21-Sep	H	Chesterfield	L	0-1	4	7,187
9	28-Sep	A	Hartlepool United	W	3-1	2	3,799
10	5-Oct	H	Southend United	L	0-2	4	5,578
11	12-Oct	H	Northampton Town	W	2-0	3	6,177
12	19-Oct	A	Accrington Stanley	D	0-0	4	1,476
13	22-Oct	H	Exeter City	D	0-0	4	5,083
14	26-Oct	A	AFC Wimbledon	W	2-0	1	4,685
15	2-Nov	H	Bristol Rovers	L	0-1	2	6,374
16	16-Nov	A	Mansfield Town	W	3-1	1	3,831
17	23-Nov	H	Morecambe	W	3-0	1	4,871
18	26-Nov	H	Newport County	D	0-0	1	5,042
19	30-Nov	A	Fleetwood Town	D	1-1	1	2,739
20	14-Dec	H	Dagenham & Redbridge	W	2-1	1	4,901
21	21-Dec	A	York City	D	0-0	2	3,526
22	26-Dec	H	Plymouth Argyle	L	2-3	2	10,049
23	29-Dec	H	Scunthorpe United	L	0-2	5	6,009
24	11-Jan	H	Portsmouth	D	0-0	7	8,443
25	18-Jan	A	Wycombe Wanderers	W	1-0	7	5,751
26	25-Jan	H	Torquay United	W	1-0	6	4,744
27	28-Jan	A	Exeter City	D	0-0	5	2,798
28	1-Feb	H	AFC Wimbledon	W	2-1	3	5,748

29	4-Feb	A	Bury	D	1-1	3	2,303
30	8-Feb	A	Bristol Rovers	D	1-1	3	6,493
31	15-Feb	H	Mansfield Town	W	3-0	3	5,108
32	18-Feb	A	Newport County	L	2-3	3	3,757
33	22-Feb	A	Morecambe	D	1-1	4	1,614
34	1-Mar	A	Rochdale	L	0-3	5	3,429
35	8-Mar	H	Burton Albion	L	1-2	6	5,413
36	11-Mar	H	Cheltenham Town	D	1-1	6	4,606
37	15-Mar	A	Chesterfield	L	0-3	6	6,246
38	21-Mar	H	Hartlepool United	W	1-0	6	4,954
39	24-Mar	A	Southend United	L	0-3	6	6,078
40	29-Mar	A	Dagenham & Redbridge	L	0-1	7	1,893
41	5-Apr	H	Fleetwood Town	L	0-2	8	5,679
42	12-Apr	A	Plymouth Argyle	W	2-0	7	8,161
43	18-Apr	H	York City	L	0-1	8	7,118
44	21-Apr	A	Scunthorpe United	L	0-1	8	5,241
45	26-Apr	H	Accrington Stanley	L	1-2	8	5,022
46	3-May	A	Northampton Town	L	1-3	8	7,529

（出所）Anderson［2014］を基に筆者作成。

　図表2-6は，2013/14シーズンにおけるチーム成績に基づく個人ボーナスの付与の有無について整理したものである。リーグ戦ボーナスは条件を満たすことができず，支払われなかった。カップ戦ボーナスは，一部のカップ戦で格下のチームに2勝したため，それぞれ入場料収入の10%が支払われた。

図表2-6　2013/14シーズンにおける個人ボーナス付与の条件と結果

シーズン	条件	結果
2013/14	チームがシーズンでリーグ7位以内であれば，貢献度に応じて，選手にボーナスが付与される	達成できなかった（FL2：8位）
	チームがカップ戦で勝利すれば，貢献度に応じて，選手にボーナスが付与される	FAカップ：2試合勝利（3回戦敗退） リーグ・カップ：未勝利（1回戦敗退） FLトロフィー：未勝利（南地区2回戦敗退）

（出所）第15回調査におけるBrown氏の提供資料と，Anderson［2014］を基に筆者作成。

第３章

2014/15シーズンのMCS

I | 概要

　2014年7月4日をもってLenagan氏が取締役会長を退任し，Darryl Eales氏が新会長（Chairman）に就任した。同日にWaddock氏も監督を退任し，Michael Appleton氏が新監督（Head Coach）に就任した。図表3-1は，インタビュー調査を行った2014年8月30日時点の役職一覧である。役職名が変更された場合は「変更」，新たな役職名が追加された場合は「新規」，同名の役職者が増員された場合は「追加」，新たに加わった人は「新」と表記した（以降のシーズンも同じ）。

図表3-1　2014年8月30日時点の役職一覧

役職名		氏名	
Chairman	変更	Darryl Eales	新
Chief Executive Officer/Director	新規	Mark Ashton	新
Director	変更	Ian Lenagan	
	追加	Frank Waterhouse	新
	追加	Michael O'Leary	新
Commercial Director		Tony Davison	
Project Manager	新規	Luke Werhun	新
Head Coach	新規	Michael Appleton	新
Assistant Head Coach	変更	Mickey Lewis	
	追加	Derek Fazackerley	新
First Team Coach		Andy Melville	
Goalkeeping Coach		Wayne Brown	
Youth Team Coach	変更	Chris Allen	
Physiotherapist		Andrew Proctor	新
Head of Sport Science		Alasdair Lane	

Sports Therapist		John Elliot	
Head of Recruitment and Performance Analysis	新規	Mark Thomas	新
Video Analyst		Dan Bond	
Academy Manager	変更	Les Taylor	
Youth Development and Women's Manager	変更	Richard Blackmore	
Secretary		Mick Brown	
Marketing Manager		Gerald Kelly	
Ticket Office Supervisor		Christine Greenough	
Communications Manager		Chris Williams	
Financial Controller		John Deeley	
Accountant		Peter Dunnill	
PA to the Chief Executive	変更	Mary Page	
Safety Officer		Adrian Spiers	
Business Development Manager		Peter Rhoades-Brown	
Business Development Community Manager		Rob Lees	
Community Manager		Chris Lowes	

（出所）OUFC［2014b］を基に筆者作成。

Ⅱ チームの５試合進捗毎の暫定順位に基づく個人ボーナス

　秘書のBrown氏から提供された資料によれば，2014/15シーズンのインセンティブ・ボーナスは図表3-2のような内容であった（金額は仮設）。

　2013/14シーズンからの変更点として，以下の点が確認できる。

　まず，リーグ戦ボーナスについて，付与の回数・タイミングはシーズン終了時の１回で変化はないが，その獲得条件は，2013/14シーズンは「最終順位が７位以内」であったが，2014/15シーズンは「５試合進捗する毎の暫定

順位が7位以内」へと変更された。すなわち，リーグ戦ボーナスを獲得する機会は，2013/14シーズンはシーズン終了時の1回であったが，2014/15シーズンは5試合毎の9回に増えた。また，シーズン・ボーナスは総じて「増額」された。さらに，2014/15シーズンは「ホーム開催のリーグ戦での来場者数によるボーナス」が追加された。

　次に，カップ戦ボーナスについて，獲得条件は，2013/14シーズンは「勝利した場合に当該試合の入場料収入の10%」であったが，2014/15シーズンは「勝利した場合にカップ戦の種別・回戦別にあらかじめ設定されたボーナス額を付与」へと変更された。また，2014/15シーズンは，「リーグ・カップは準優勝の場合でも，FAカップは準優勝または準決勝敗退の場合でも，ボーナスが付与される」という条件が追加された。

　最後に，貢献度に応じた各選手への配分係数について，リーグ戦ボーナスとカップ戦ボーナスは，2013/14シーズンはいずれも「先発出場は1，途中出場は0.5，ベンチ入りのみは0.25，ベンチ外は0」だったが，2014/15シーズンは，「先発出場は1，途中出場も1，ベンチ入りのみは0.25，ベンチ外は0」へと変更された。

図表3-2　2014/15シーズンのインセンティブ・ボーナス・スキーム

進行中のボーナス・ポット	リーグ戦を5試合ずつ9シリーズに分け，5試合進捗する毎にボーナスを付与し，ボーナス・ポットにプールする。5試合進捗してプレイオフ出場圏のリーグ7位以内に位置している場合，その時点の累積勝ち点数に対して勝ち点1当たり£150を掛け合わせた金額がチームに対して付与される。同じく，自動昇格圏のリーグ3位以内に位置している場合，その時点の累積勝ち点数に対して勝ち点1当たり£200を掛け合わせた金額がボーナス・ポットに付与される。上記，リーグの暫定順位は，木・金・土・日に試合があった場合は月曜日の午前9時時点，月・火・水に試合があった場合は木曜日の午前9時時点のものとする。

リーグ戦ボーナスの分け方	シーズン終了後，試合出場に関連付けた貢献度に応じて，リーグ戦ボーナスが各選手に配分される。下記の要領で各選手には試合毎に係数が付与され，シーズン終了後，蓄積した係数に応じて分けられる。

リーグ戦1試合での状況	試合毎の係数
先発出場	1
途中出場	1
ベンチ入りのみ	0.25
ベンチ外	0

リーグ戦の来場者数ボーナス	ホーム開催の試合で来場者数が5,750名を超えた場合（ただしアウェイ側の来場者や無料チケットでの来場者を除く），その試合の先発出場選手と途中出場選手には£100，ベンチ入りのみの選手にも£25が付与される。

シーズン・ボーナス	リーグ優勝を果たせば£250,000，リーグ2位であれば£225,000，リーグ3位であれば£200,000が付与される。また，リーグ4～7位が出場できるプレイオフにおいて優勝を果たせば£200,000，決勝で敗れた場合は£100,000，準決勝で敗れた場合は£50,000，それぞれ付与される。このボーナスは，リーグ戦の試合出場に関連付けた貢献度に応じて各選手に配分される。下記の要領で各選手には試合毎に係数が付与され，シーズン終了後，蓄積した係数に応じて分けられる。

リーグ戦1試合での状況	試合毎の係数
先発出場	1
途中出場	0.5
ベンチ入りのみ	0.25
ベンチ外	0

| カップ戦ボーナス | カップ戦の試合で勝利した場合，試合毎に設定された勝利ボーナスが付与される。 |

FLトロフィー		リーグ・カップ		FAカップ	
1 回戦	£50	1 回戦	£100	1 回戦	£200
2 回戦	£75	2 回戦	£150	2 回戦	£300
準々決勝	£200	3 回戦	£200	3 回戦	£500
準決勝	£250	4 回戦	£650	4 回戦	£800
地区決勝	£500	5 回戦	£1,000	5 回戦	£1,000
決　勝	£5,000	準決勝	£1,250	6 回戦	£1,500
		決　勝	£10,000	準決勝	£5,000
		決勝負け	£5,000	決　勝	£12,000
				準決負け	£2,500
				決勝負け	£7,000

カップ戦 1 試合での状況	試合毎の係数
先発出場	1
途中出場	1
ベンチ入りのみ	0.25
ベンチ外	0

（出所）第15回調査におけるBrown氏の提供資料を基に筆者作成（金額は仮設）。

Ⅲ 100項目を超えるKPIへの拡張

　2014/15シーズンのKPIについて，ビデオアナリストのBond氏は次のようにコメントした。

　　「前回インタビューを受けた時（2014年 3 月10日）は，『2013/14シーズンより導入された試合での各選手の出来を示すKPIの分析は人的資源

管理の一指標として導入していく予定である』と語ったが，その後2度にわたり（2014年3月22日および同年7月4日），監督が代わった。それに伴い，統計データの様式自体が変化した。今後は試合毎に各選手について100項目を超えるKPIを使った統計データを用いて分析することとなった。監督がA選手とB選手のどちらを起用するか迷った際に，以前は監督やコーチング・スタッフの主観に基づく判断だったので，統計データとの乖離が生じる可能性があったが，客観的な統計データを活用することでより正確に行えるようになった。」（第5回調査より）

　図表3-3は第6回調査でBond氏（写真3-1）が提供してくれた，100項目を超えるKPIの例である。

図表3-3　2014/15シーズンに集計されていたKPIの例

・前方へのパスの本数，および前方へのパスの成功率

・誰が誰にパスをしたのかという個々のパスの本数

・フィールドを24に分け，各エリアでの成功したパスの本数

・相手ゴール前に向けて出された各々のパスの出し手の位置マップ

・試合時間を15分毎に分け，各時間帯のすべてのパスの出し手と受け手の位置マップ

・試合時間を前後半に分け，誰がどの位置でシュートやクロスを放ったかという位置マップ

・選手別に分け，どの位置でどこに向けてパスを出したかという位置マップ

・GKについて，どの位置からシュートを放たれ，どのように対処したかという位置マップ

（出所）第6回調査におけるBond氏の提供資料を基に筆者作成。

写真3-1　ビデオアナリストのBond氏と彼が作成したデータ

　以上のようなKPIデータを選手の年俸と結び付けているのかについて，人事部門兼パフォーマンス分析長（Head of Recruitment and Performance Analysis）のMark Thomas氏は，次のようにコメントした。

　　「分析によって得られた統計データは最高経営責任者に提供しており，最高経営責任者が統計データと年俸を結び付けている。私はKPIを使った統計データを用いて選手のパフォーマンスを分析する責任者であるが，選手の年俸を決めるのは最高経営責任者であり，最高経営責任者に意見することはない。」（第5回調査より）

　またThomas氏は，KPIを用いた選手評価の問題に関して，次のようにもコメントした。

「KPIを使った統計データで選手のパフォーマンスを測定することには限界がある。例えば，ゴール数，アシスト数，シュート数，タックル数などは測ることが可能であるが，選手のポジショニングの質を評価するのは難しい。プレイの量は統計データで導き出すことができるが，プレイの質は測ることができないのである。すなわち，DFやGKの評価は難しい。また，ポジションによって重要なKPIは異なるが，それぞれに点数を振って数値化すれば全選手の比較も可能になるかもしれない。」（第5回調査より）

Ⅳ 練習でのデータ活用

第5回調査で，練習場にあるクラブハウスを訪れて，試合に向けて行われる練習や作戦会議の様子を見学したところ，対戦相手毎に作成された対戦前分析資料を活用していた。対戦前分析資料は，試合の前日までにThomas氏とBond氏によって作成され，監督，コーチング・スタッフ，選手がともに，対戦相手の弱点や長所の情報を共有し，対策を練って反復練習を行い，試合当日に備えていた。

写真3-2は監督室の様子で，監督であるAppleton氏の向かいにThomas氏が座り，事前ミーティングで配付する資料を作成していた。

写真3-2　監督室の様子

（出所）第5回調査で筆者撮影。右側はAppleton氏，左側はThomas氏。

　写真3-3は，監督とコーチング・スタッフによるミーティングの様子である。この時はThomas氏が作成したビデオ映像を基にして対戦相手のレビューを行っていた。

写真3-3　監督とコーチング・スタッフによるミーティングの様子

（出所）第5回調査で筆者撮影。左奥からBond氏，助監督（Assistant Head Coach）のDerek
　　　 Fazackerley氏，GKコーチ（Goalkeeping Coach）のWayne Brown氏，Thomas氏。

　写真3-4は，ミーティング中のモニターの様子であり，Thomas氏によって
対戦相手の試合映像は重要なプレイ毎に事前にカットされており，すぐに映
し出して議論ができるように準備がされていた。

写真3-4　ミーティング中のモニターの様子

（出所）第5回調査で筆者撮影。

　写真3-5は，2014年8月30日に開催予定のリーグ戦のDagenham &
Redbridge戦に向けた前々日のミーティングの際に，当該試合のベンチ入り
選手18名を検討するために，監督とコーチング・スタッフによって使用され
ていた資料である。ベンチ入り候補の選手は氏名の隣に横棒が引かれ，そう
でない選手は氏名にカッコが付され，怪我等により離脱している選手は氏名
が塗り潰されていた。また，当時加入したばかりの背番号28のAlex
Jakubiak選手と背番号44のWill Hopkins選手は手書きで追加されていた。実
際の試合ではこの2名がベンチ入りして，代わりに背番号8のJunior Brown
選手と背番号22のSam Long選手がベンチ外となった。

写真3-5　第５回調査時点の所属選手一覧

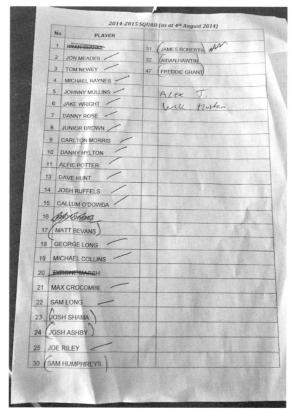

(出所) 第５回調査で筆者撮影。

　写真3-6〜写真3-17は，第５回調査の数日前に開催されたリーグ戦の
Portsmouth戦に向けた事前ミーティングの際に，監督やコーチング・スタ
ッフ，選手に配付されていた対戦前分析資料である。対戦前分析資料は毎試
合前に作成されていたが，第５回調査の翌々日に予定されていたリーグ戦の
Dagenham & Redbridge戦の対戦前分析資料はまだ完成していなかった。ひ
とつ前の試合の対戦相手であったPortsmouthに関する資料を提供してもら

50

ったので，以下で紹介する。2014年8月23日に開催されたリーグ戦の
Portsmouth戦の対戦前分析資料は計12頁で構成されていた。

写真3-6は分析資料の表紙で，「試合前報告書」（Pre Match Report）と表
記されていた。

写真3-6　Portsmouth戦に向けて作成された対戦前分析資料

（出所）第5回調査で筆者撮影。

まず，写真3-7～写真3-12は，対戦相手の過去6試合におけるフォーメーションと出場選手のデータである。

写真3-7　2014年8月19日のPortsmouth対Northampton Town戦の結果データ

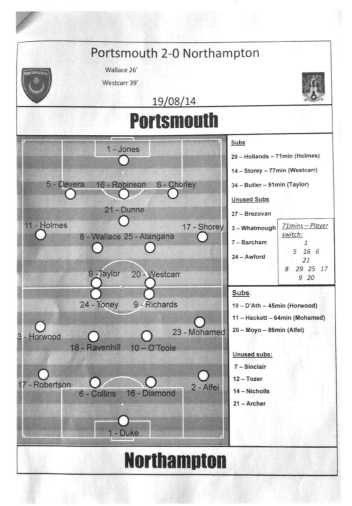

（出所）第5回調査で筆者撮影。

写真3-8　2014年８月16日のPortsmouth対Cambridge United戦の結果データ

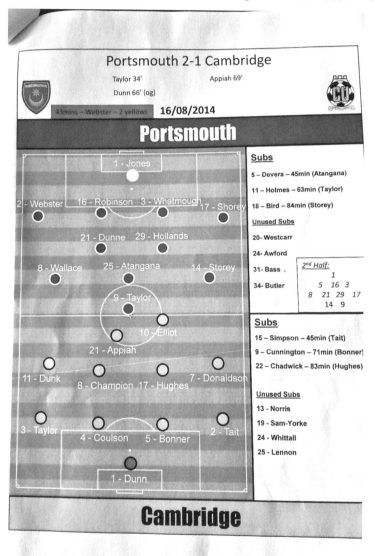

写真3-10　2014年８月９日のExeter City対Portsmouth戦の結果データ

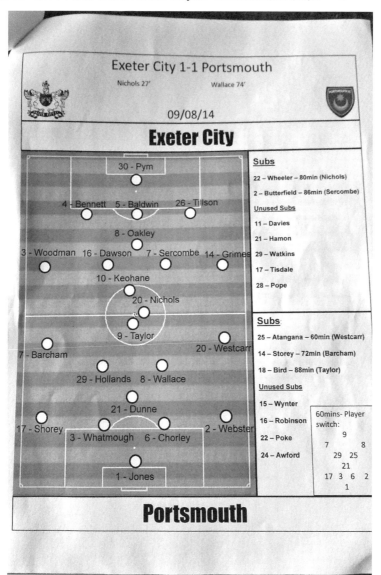

写真3-11　2014年８月２日のPortsmouth対Charlton Athletic戦の結果データ

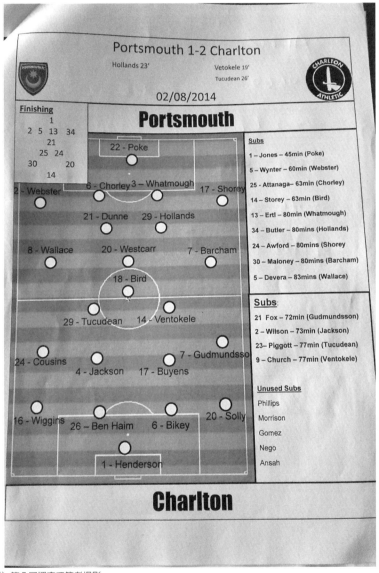

写真3-12　2014年7月29日のPortsmouth対Bournemouth戦の結果データ

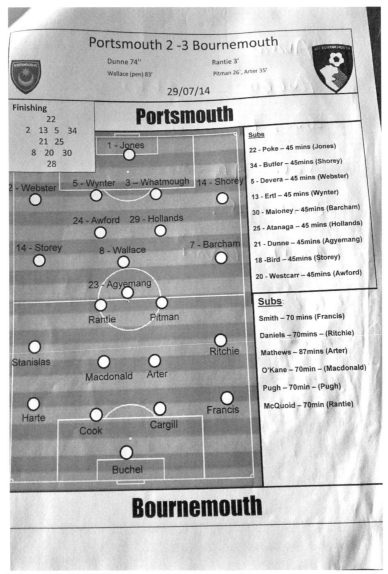

次に，写真3-13～写真3-15では，対戦相手の選手について，年齢，身長，利き足，ポジションの他，身体的特徴や近況などの情報がまとめられていた。

写真3-13　Portsmouthの選手の定量的・定性的情報

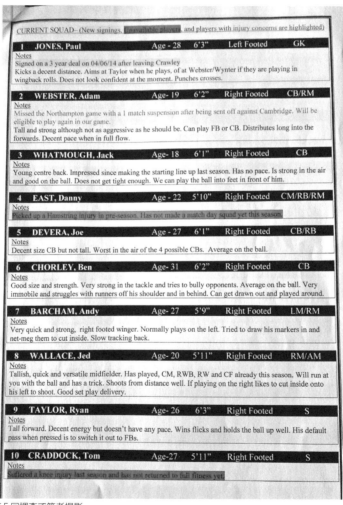

CURRENT SQUAD– (New signings, Unavailable players, and players with injury concerns are highlighted)

1	JONES, Paul	Age - 28	6'3"	Left Footed	GK

Notes
Signed on a 3 year deal on 04/06/14 after leaving Crawley
Kicks a decent distance. Aims at Taylor when he plays, of at Webster/Wynter if they are playing in wingback rolls. Does not look confident at the moment. Punches crosses.

2	WEBSTER, Adam	Age- 19	6'2"	Right Footed	CB/RM

Notes
Missed the Northampton game with a 1 match suspension after being sent off against Cambridge. Will be eligible to play again in our game.
Tall and strong although not as aggressive as he should be. Can play FB or CB. Distributes long into the forwards. Decent pace when in full flow.

3	WHATMOUGH, Jack	Age- 18	6'1"	Right Footed	CB

Notes
Young centre back. Impressed since making the starting line up last season. Has no pace. Is strong in the air and good on the ball. Does not get tight enough. We can play the ball into feet in front of him.

4	EAST, Danny	Age - 22	5'10"	Right Footed	CM/RB/RM

Notes
Picked up a Hamstring injury in pre-season. Has not made a match day squad yet this season.

5	DEVERA, Joe	Age - 27	6'1"	Right Footed	CB/RB

Notes
Decent size CB but not tall. Worst in the air of the 4 possible CBs. Average on the ball.

6	CHORLEY, Ben	Age- 31	6'2"	Right Footed	CB

Notes
Good size and strength. Very strong in the tackle and tries to bully opponents. Average on the ball. Very immobile and struggles with runners off his shoulder and in behind. Can get drawn out and played around.

7	BARCHAM, Andy	Age- 27	5'9"	Right Footed	LM/RM

Notes
Very quick and strong, right footed winger. Normally plays on the left. Tried to draw his markers in and net-meg them to cut inside. Slow tracking back.

8	WALLACE, Jed	Age- 20	5'11"	Right Footed	RM/AM

Notes
Tallish, quick and versatile midfielder. Has played, CM, RWB, RW and CF already this season. Will run at you with the ball and has a trick. Shoots from distance well. If playing on the right likes to cut inside onto his left to shoot. Good set play delivery.

9	TAYLOR, Ryan	Age- 26	6'3"	Right Footed	S

Notes
Tall forward. Decent energy but doesn't have any pace. Wins flicks and holds the ball up well. His default pass when pressed is to switch it out to FBs.

10	CRADDOCK, Tom	Age-27	5'11"	Right Footed	S

Notes
Suffered a knee injury last season and has not returned to full fitness yet.

（出所）第5回調査で筆者撮影。

写真3-14　Portsmouthの選手の定量的・定性的情報

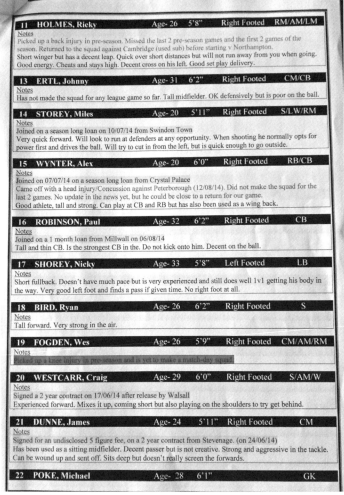

11	HOLMES, Ricky	Age- 26	5'8"	Right Footed	RM/AM/LM

Notes
Picked up a back injury in pre-season. Missed the last 2 pre-season games and the first 2 games of the season. Returned to the squad against Cambridge (used sub) before starting v Northampton.
Short winger but has a decent leap. Quick over short distances but will not run away from you when going. Good energy. Cheats and stays high. Decent cross on his left. Good set play delivery.

13	ERTL, Johnny	Age- 31	6'2"	Right Footed	CM/CB

Notes
Has not made the squad for any league game so far. Tall midfielder. OK defensively but is poor on the ball.

14	STOREY, Miles	Age- 20	5'11"	Right Footed	S/LW/RM

Notes
Joined on a season long loan on 10/07/14 from Swindon Town
Very quick forward. Will look to run at defenders at any opportunity. When shooting he normally opts for power first and drives the ball. Will try to cut in from the left, but is quick enough to go outside.

15	WYNTER, Alex	Age- 20	6'0"	Right Footed	RB/CB

Notes
Joined on 07/07/14 on a season long loan from Crystal Palace
Came off with a head injury/Concussion against Peterborough (12/08/14). Did not make the squad for the last 2 games. No update in the news yet, but he could be close to a return for our game.
Good athlete, tall and strong. Can play at CB and RB but has also been used as a wing back.

16	ROBINSON, Paul	Age- 32	6'2"	Right Footed	CB

Notes
Joined on a 1 month loan from Millwall on 06/08/14
Tall and thin CB. Is the strongest CB in. Do not kick onto him. Decent on the ball.

17	SHOREY, Nicky	Age- 33	5'8"	Left Footed	LB

Notes
Short fullback. Doesn't have much pace but is very experienced and still does well 1v1 getting his body in the way. Very good left foot and finds a pass if given time. No right foot at all.

18	BIRD, Ryan	Age- 26	6'2"	Right Footed	S

Notes
Tall forward. Very strong in the air.

19	FOGDEN, Wes	Age- 26	5'9"	Right Footed	CM/AM/RM

Notes
Picked up a knee injury in pre-season and is yet to make a match-day squad.

20	WESTCARR, Craig	Age- 29	6'0"	Right Footed	S/AM/W

Notes
Signed a 2 year contract on 17/06/14 after release by Walsall
Experienced forward. Mixes it up, coming short but also playing on the shoulders to try get behind.

21	DUNNE, James	Age- 24	5'11"	Right Footed	CM

Notes
Signed for an undisclosed 5 figure fee, on a 2 year contract from Stevenage. (on 24/06/14)
Has been used as a sitting midfielder. Decent passer but is not creative. Strong and aggressive in the tackle. Can be wound up and sent off. Sits deep but doesn't really screen the forwards.

22	POKE, Michael	Age- 28	6'1"		GK

（出所）第5回調査で筆者撮影。

写真3-15　Portsmouthの選手の定量的・定性的情報

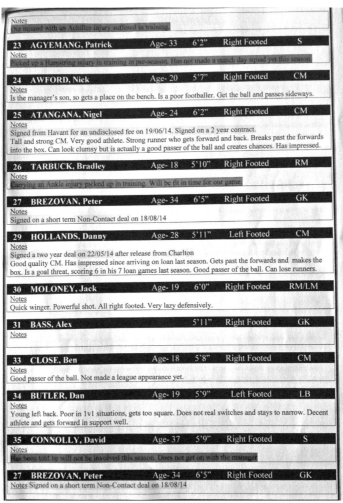

Notes
Out injured with an Achilles injury suffered in training.

| 23 | AGYEMANG, Patrick | Age- 33 | 6'2" | Right Footed | S |

Notes
Picked up a Hamstring injury in training in pre-season. Has not made a match day squad yet this season.

| 24 | AWFORD, Nick | Age- 20 | 5'7" | Right Footed | CM |

Notes
Is the manager's son, so gets a place on the bench. Is a poor footballer. Get the ball and passes sideways.

| 25 | ATANGANA, Nigel | Age- 24 | 6'2" | Right Footed | CM |

Notes
Signed from Havant for an undisclosed fee on 19/06/14. Signed on a 2 year contract.
Tall and strong CM. Very good athlete. Strong runner who gets forward and back. Breaks past the forwards into the box. Can look clumsy but is actually a good passer of the ball and creates chances. Has impressed.

| 26 | TARBUCK, Bradley | Age- 18 | 5'10" | Right Footed | RM |

Notes
Carrying an Ankle injury picked up in training. Will be fit in time for our game.

| 27 | BREZOVAN, Peter | Age- 34 | 6'5" | Right Footed | GK |

Notes
Signed on a short term Non-Contact deal on 18/08/14

| 29 | HOLLANDS, Danny | Age- 28 | 5'11" | Left Footed | CM |

Notes
Signed a two year deal on 22/05/14 after release from Charlton
Good quality CM. Has impressed since arriving on loan last season. Gets past the forwards and makes the box. Is a goal threat, scoring 6 in his 7 loan games last season. Good passer of the ball. Can lose runners.

| 30 | MOLONEY, Jack | Age- 19 | 6'0" | Right Footed | RM/LM |

Notes
Quick winger. Powerful shot. All right footed. Very lazy defensively.

| 31 | BASS, Alex | | 5'11" | Right Footed | GK |

Notes

| 33 | CLOSE, Ben | Age- 18 | 5'8" | Right Footed | CM |

Notes
Good passer of the ball. Not made a league appearance yet.

| 34 | BUTLER, Dan | Age- 19 | 5'9" | Left Footed | LB |

Notes
Young left back. Poor in 1v1 situations, gets too square. Does not real switches and stays to narrow. Decent athlete and gets forward in support well.

| 35 | CONNOLLY, David | Age- 37 | 5'9" | Right Footed | S |

Notes
Has been told he will not be involved this season. Does not get on with the manager.

| 27 | BREZOVAN, Peter | Age- 34 | 6'5" | Right Footed | GK |

Notes Signed on a short term Non-Contact deal on 18/08/14

（出所）第5回調査で筆者撮影。

　また，写真3-16では，対戦相手が採る可能性のあるフォーメーションや戦術についてまとめられ，チームや個々の弱点についても分析されていた。

写真3-16　Portsmouthが採る可能性のあるフォーメーションや戦術,弱点の分析資料

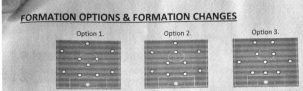

FORMATION OPTIONS & FORMATION CHANGES

Option 1.　　　　　Option 2.　　　　　Option 3.

Portsmouth could change a number of personnel for our game. So far this season they have made 6 changes, 5 changes and then 4 changes between games. They have a number of different formations that they could use as shown above. Against Northampton they opted for a back 3 formation. However this is likely to have only been because they did not have any fit right backs for the game. Webster was suspended, and Wynter was missing with a head injury. Awford like to play with 3 in the middle of the park, either with 1 sitting midfielder as they have all this season, or with an advanced midfielder in a 4-2-3-1 like they finished the season last year. I think Hollands was just rested last game having played all the games so far, so he is likely to come back into the team.

GENERAL STYLE OF PLAY &TEAM AND INDIVIDUAL STRENGTHS

Last season Portsmouth were instructed to get the ball forward into the front man and then to play with freedom in the final 3rd. They did not take chances at the back. Under Awford last season Pompey played 4-2-3-1, with the man behind the forward always being a runner to get past the forward.

This season so far Pompey have rotated players and formations in each game. They play at a high tempo, in and out of possession and shift the ball around well. They can mix their play up, playing from the back, but also being able to chip it into the forward and play off of him. One of their main dangers this season has come from midfield runners. Playing with 3 in the middle of the park, the 2 more advanced of the 3 have both had licence to get forward and often both make the box for crosses. There is often 4 in the box when the ball goes out to wide areas. They are an athletic team with pace in wide areas. They will press the ball high up after loss of possession and will try to stop is playing.

TEAM AND INDIVIDUAL WEAKNESSES

Portsmouth's weaknesses depend very much upon what formation they deploy in the game. They can be caught on the break because they do flood the box, although they normally leave one sitting midfielder behind the ball. Due to the 2 advances midfielders pushing forward teams have had quite a bit of joy getting the ball into the strikers feet against them. If Whatmough plays you can get the ball into feet in front of him as he does not always get tight early enough. Against Northampton they struggled to defend crosses at times. All of the centre backs lack pace and can be done in behind, Chorley especially will let runners off his shoulder when going to press the ball. If Whatmough plays you can get the ball into feet in front of him as he does not always get tight early enough.

（出所）第5回調査で筆者撮影。

最後に，写真3-17では，対戦相手のポジション別の特徴がまとめられ，どのように攻略したらよいか分析されていた。

写真3-17　Portsmouthを攻略するための分析資料

Basic Questions

Keepers Kicks – Where and How?

The keeper kicks onto Taylor if he plays. Pompey will get 2 the other side of him and will rung the ball well. They are very organised from kicks, collecting 2nd balls well.

Where should we kick?

We should avoid Robinson with our kicks as he is the strongest in the air our of the back ¾. Shorey is the smallest defender by some distance so we should kick onto him. He does not have a great leap either, although he does manoeuvre players out of the way with his body well.

Which CB is better on the ball?

Whatmough is the best CB on the ball although Robinson has distributed it OK since he joined. Devera takes the easy option and will pass back to the other CB's, or distribute long and poorly into the forwards.

Which CM is better on the ball?

All the CMs are decent on the ball. Hollands and Atangala can both create chances.

Do they have a most dangerous side in attack?

Their right side has been the most dangerous in attack, with channel balls being played for Akins to chase. He has been their main goal threat in pre-season.

Do they have a most vulnerable side in defence?

Their right side could be weaker if no recognised RB is fit, or if Awford drops

Notes

（出所）第5回調査で筆者撮影。

V 人間考察

　選手の獲得や起用について，監督に就任したばかりのAppleton氏は，次のようにコメントした。

　　「新たに選手を獲得しようとする場合，統計データのみでは判断しない。統計データからは，どのくらい得点してどのくらいアシストしたという情報は得られるが，選手の個性や性格，家庭（既婚なのか離婚したのか，何歳の子どもがいるのか等）の情報は得られない。統計データというKPIを用いて選手の評価は可能であるかもしれないが，選手の個性や性格，家庭の情報は統計データからは導き出すことができないので，選手のことをよく知る監督やコーチング・スタッフ，同僚の選手などに尋ねる。テレビのサッカー中継では統計データも表示されるが，選手獲得の際にはもっと多くの情報を得る必要がある。すなわち，KPIのみで選手を評価するわけではない。」（第5回調査より）

　また，最高経営責任者（Chief Executive Officer）のMark Ashton氏は，次のようにコメントした。

　　「選手の評価を行う際，試合の統計データのみを用いるわけではない。統計データも重要であるが，それだけでは足りないので監督による人間考察（human review）も参考に行う。選手の『貢献度』には2種類ある。ひとつは短期的なもので『試合勝利に対する貢献度』，もうひとつは長期的なもので『投資に対する貢献度』である。」（第6回調査より）

VI ポジション別/個人別の定性的行動目標

選手に対する動機づけに関して，Ashton氏は次のようにもコメントした。

> 「選手にはどのようなプレイをすると評価が上がる，すなわち契約の延長や年俸の増加になるとは伝えてはいないが，今シーズンからドレッシング・ルームに，監督が作成したポジション別の行動目標を明示し始めた。」（第6回調査より）

写真3-18はAshton氏のコメントにあった，ドレッシング・ルームに掲示されていたパネルを撮影したもので，ポジション別の行動目標と監督によるメッセージが明示されていた。

パネル上部に示された行動目標は，ゴールキーパー，センターバック，サイドバック，ディフェンシブハーフ，オフェンシブハーフ，ストライカーのように，ポジション別に6つに分かれていた。また，監督によるメッセージは，同じポジションの選手でも異なっていたり，異なるポジションの選手だが同じであったりもした。

パネルの着脱は可能で，試合毎にベンチ入りメンバーのパネルを掲示できるようになっていた。撮影したのは2014年8月29日で，翌8月30日にも試合が予定されていたが，8月23日に開催されたリーグ戦のPortsmouth戦のベンチ入りメンバーのものが，当時加入したばかりの背番号28のAlex Jakubiak選手を除いて，まだ掲示されたままとなっていた。図表3-4は，ドレッシング・ルームに明示されていたポジション別の行動目標の例を整理したものである。

写真3-18　行動目標が明示された各選手のパネル

George Long選手（ゴールキーパー）

"The Harder the Battle, the **sweeter the victory**"

"It's hard to beat a person who **never gives up!**"

「戦いが激しくなればなるほど，勝利はより甘いものになる」

「決して諦めない者を倒すのは難しい！」

Michael Raynes選手（センターバック）

"Being defeated is a **temporary** condition, giving up is what makes it permanent!"

"Make **every performance** your masterpiece"

「負けることは一時的な状態であるが，諦めることは負けを永続的なものにする」

「あらゆるパフォーマンスは傑作にする」

Johnny Mullins選手（センターバック）

"**Victory** is always possible for the man who **refuses to stop fighting**"

"History will be kind to me, as **I intend to write it!**"

「戦いを止めることを拒む者にとって勝利はいつでも可能である」

「描こうとしている歴史は自分に親切になる」

Jake Wright選手（センターバック）

"**Winners never quit** and quitters never win."

"Being defeated is a **temporary** condition, giving up is what makes it permanent!"

「勝者は決して諦めないし，簡単に諦める者は決して勝てない」

「負けることは一時的な状態であるが，諦めることは負けを永続的なものにする」

Tom Newey選手（サイドバック）

"Make
every performance
your masterpiece"

"Continuous effort
- not strength or
intelligence - is the
key to unlocking your
potential."

「あらゆるパフォーマンスは傑作にする」

「強さや知性ではなく，継続的な努力が
我々の可能性を解き放つ鍵である」

David Hunt選手（サイドバック）

"Winners never quit
and quitters never win."

"Being defeated is a
temporary condition,
giving up is what
makes it permanent!"

「勝者は決して諦めないし，
簡単に諦める者は決して勝てない」

「負けることは一時的な状態であるが，
諦めることは負けを永続的なものにする」

Joe Riley選手（サイドバック）

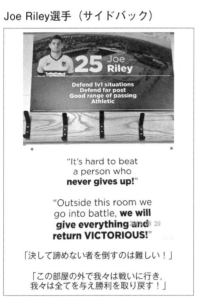

"It's hard to beat
a person who
never gives up!"

"Outside this room we
go into battle, **we will
give everything and
return VICTORIOUS!**"

「決して諦めない者を倒すのは難しい！」

「この部屋の外で我々は戦いに行き，
我々は全てを与え勝利を取り戻す！」

Jon Meades選手（ディフェンシブハーフ）

"History will be
kind to me, as
I intend to write it!"

"Outside this room we
go into battle, **we will
give everything and
return VICTORIOUS!**"

「描こうとしている歴史は自分に親切になる」

「この部屋の外で我々は戦いに行き，
我々は全てを与え勝利を取り戻す！」

Danny Rose選手（ディフェンシブハーフ）

"**Inches** make the difference between **winning** and losing, **claw for those inches**"

"Think of your life, **whoever** said you can't, this is **your opportunity to show them you can**"

「勝ち負けの差を生む数インチは必死で作れ」

「人生を考えてみなさい。できないと言った人に対して，できることを示す機会である」

Josh Ruffels選手（ディフェンシブハーフ）

"**Winners** don't wait for chances, they take them"

"Tough Times never last BUT **tough people** do!"

「勝者はチャンスを待つのではなく，掴みに行く」

「タフな時間は続かないが，タフな人々は続く！」

Michael Collins選手（ディフェンシブハーフ）

"**You will be successful** when you need to **succeed** as much as you need to breath."

"Individual commitment to a group effort - that is what makes **team work**."

「呼吸するのと同じくらい
成功する必要がある時，成功するだろう」

「個人による全体へのコミットメントこそが
チームワークを作る」

Junior Brown選手（オフェンシブハーフ）

"**Winners** don't wait for chances, they take them"

"What would you attempt to do if you knew you could **not fail**"

「勝者はチャンスを待つのではなく，掴みに行く」

「失敗できないことが解っているとしたら，
何をしようとしますか」

Alfie Potter選手（オフェンシブハーフ）

"The Harder the
Battle, the **sweeter the
victory**"

"Think of your life,
whoever said you can't,
this is **your opportunity
to show them you can**"

「戦いが激しくなればなるほど，
勝利はより甘いものになる」

「人生を考えてみなさい。できないと言った人に
対して，できることを示す機会である」

Callum O'Dowda選手（オフェンシブハーフ）

"**Winners never quit**
and quitters never win."

"**Never say never**
because limits, like
fears are often just an
illusion"

「勝者は決して諦めないし，
簡単に諦める者は決して勝てない」

「恐怖のような限界はしばしば単なる幻想だから，
絶対とは絶対言わない」

Carlton Morris選手（ストライカー）

"**Never say never**
because limits, like
fears are often just an
illusion"

"What would you
attempt to do if you
knew you could
not fail"

「恐怖のような限界はしばしば単なる幻想だから，
絶対とは絶対言わない」

「失敗できないことが解っているとしたら，
何をしようとしますか」

Danny Hylton選手（ストライカー）

"**You will be successful**
when you need to
succeed as much as
you need to breath."

"**Great victory** requires
great risk"

「呼吸するのと同じくらい
成功する必要がある時，成功するだろう」

「大きな勝利には大きなリスクが必要である」

（出所）第6回調査で筆者撮影。

図表3-4　ドレッシング・ルームに明示されていたポジション別の行動目標

ポジション	行動目標
ゴールキーパー	・存在感 ・勇気と勇敢さ ・ポジショニング ・技術
センターバック	・勇猛な競り合い ・攻守ともにボックス内で脅威になれ ・1対1の守り ・コミュニケーション ・ライン際のプレイ
サイドバック	・1対1の守り ・ファーポストの守備 ・絶妙なパス ・豊富な運動量
ディフェンシブハーフ	・軽快な動き ・絶妙なパス ・ディフェンスラインのフォロー ・密着マーク ・知的なプレイ
オフェンシブハーフ	・知的なプレイ ・豊富な運動量 ・攻撃の仕上げ ・得点
ストライカー	・ゴールに背を向けたプレイ ・連携プレイ ・攻守ともにボックス内で脅威になれ ・得点

（出所）第6回調査における撮影画像を基に筆者作成。

VII 罰金制度

　写真3-19と写真3-20は，練習場にあるトレーニング・ルームの内壁に掲示されていた2014/15シーズンの罰金の一覧表である。

写真3-19　2014/15シーズンのトレーニング・グラウンドに関する罰金の一覧表

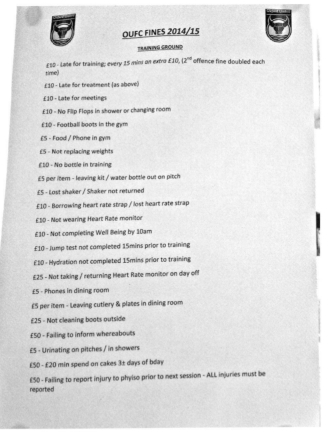

　写真3-19は，トレーニング・グラウンドに関する罰金の一覧であり，以下，23項目が示されていた。

£10－練習に遅刻してはならない。15分遅れる毎に£10とし，２回目以降は倍額とする

£10－理学療法士による処置に遅刻してはならない。２回目以降は倍額とする

£10－ミーティングに遅刻してはならない

£10－シャワールームや更衣室ではサンダルを履かねばならない

£10－ジムの中で外靴を履いてはならない

£５－ジムの中で食事をしたり通話してはならない

£５－体重を維持しなければならない

£10－練習中に飲み物を持参してはならない

各£５－衣類や水筒をピッチに放置したままにしない

£５－シェーカーは紛失せずに返却しなければならない

£10－個々の心拍数ストラップは仲間から借りたり，紛失してはならない

£10－心拍数モニターを装着していなければならない

£10－午前10時までに心身ともに良好な状態でなければならない

£10－練習の15分前にジャンプテストを終えていなければならない

£10－練習の15分前に水分補給を終えていなければならない

£25－練習がない日に心拍数モニターを使ってはならない

£５－ダイニング・ルームで通話をしてはならない

各£５－ダイニング・ルームにナイフやフォーク，食器を残してはならない

£25－屋内でトレーニング靴を洗浄してはならない

£50－所在不明になってはならない

£５－ピッチ上やシャワー中に放尿してはならない

£50－自身の誕生日の前後３日間に，少なくとも£20を仲間へ振る舞う
　　ケーキに費やさねばならない
£50－次のセッションの前までにトレーナーへ怪我の報告を怠ってはな
　　らない。すべての怪我は報告されねばならない

写真3-20　2014/15シーズンの試合日と移動等に関する罰金の一覧表

OUFC FINES 2014/15

TRAINING GROUND

£10 - Late for training; *every 15 mins an extra £10*, (2nd offence fine doubled each time)

£10 - Late for treatment (as above)

£10 - Late for meetings

£10 - No Flip Flops in shower or changing room

£10 - Football boots in the gym

£5 - Food / Phone in gym

£5 - Not replacing weights

£10 - No bottle in training

£5 per item - leaving kit / water bottle out on pitch

£5 - Lost shaker / Shaker not returned

£10 - Borrowing heart rate strap / lost heart rate strap

£10 - Not wearing Heart Rate monitor

£10 - Not completing Well Being by 10am

£10 - Jump test not completed 15mins prior to training

£10 - Hydration not completed 15mins prior to training

£25 - Not taking / returning Heart Rate monitor on day off

£5 - Phones in dining room

£5 per item - Leaving cutlery & plates in dining room

£25 - Not cleaning boots outside

£50 - Failing to inform whereabouts

£5 - Urinating on pitches / in showers

£50 - £20 min spend on cakes 3± days of bday

£50 - Failing to report injury to phyiso prior to next session - ALL injuries must be reported

（出所）第５回調査で筆者撮影。

また，図表3-20は，試合日と移動等に関する罰金の一覧であり，以下，15項目が示されていた。

£50－遠征に向かうバスに遅刻してはならない。15分遅れる毎に£50とし，2回目以降は倍額とする

£25－練習場からスタジアムへ向かうバスに遅刻してはならない。15分遅れる毎に倍額とする

£10－練習試合に遅刻してはならない。練習試合中に通話してはならない
　　　罰金額は監督による裁量－異議や報復行為を行ってはならない

£10－ミーティング中やスタジアム内，スタジアムへ移動中に通話してはならない

£10－帽子を被らなければならない

£10－スタジアムへ移動中はヘッドフォンを使用しなければならない

£10－シャワールームや更衣室ではサンダルを履かなければならない

£5－シャワー中に放尿してはならない

£50－バスに乗らないことに関する許可は，前日までに監督に尋ねなければならない

£50－クラブの行事には出席しなければならない

£10－理学療法士による処置を受けなければならない

£50－遠征中に不適切なルームサービスを受けてはならない
　　　罰金額は監督による裁量－ソーシャルメディア上で，クラブやスタッフメンバーへの批判的発言を行ってはならない

£25－特別な罰金

・すべての罰金は翌週の金曜日までに収めなければ倍額とする

・罰金について委員会に異議申し立てすることはできるが，敗訴した場合は£10追加される

- ・すべての罰金についてコイントスが利用できる（負けた場合は倍額，勝った場合は帳消し）
- ・リストにない違反については監督による裁量となる
- ・未納が2週間続くと監督に報告される
- ・監督の決定が最終的なものである

罰金徴収者：Raynes，Newey

委員会メンバー：Potter，Hylton，Mullins

　罰金徴収者のRaynesとNewey，委員会メンバーのPotterとHylton，Mullinsはいずれも選手であり，時には判断を監督に委ねることはあるものの，当該罰金制度は選手によって運営されている，ということであった。

Ⅷ　チーム成績

　2014/15シーズンの結果をまとめると図表3-5の通りであった。

　FAカップは，1回戦はFCP（実質5部）所属のクラブに勝利したものの，2回戦でFL2（実質4部）所属のTranmare Roversと対戦し，再試合の末に敗れた。また，リーグ・カップは，1回戦でFL1（実質3部）所属のBristol Cityに勝利したが，2回戦ではPL（実質1部）所属のWest Bromwich Albionと対戦し，延長PK戦の末に敗れた。一方で，FLトロフィーは，FL2所属のCheltenham Townに敗れ，初戦で敗退となった。

図表3-5　2014/15シーズンのチーム成績

Sky Bet League Two（FL2）	13位 46試合15勝16分15敗，勝ち点61
The FA Cup（FAカップ）	2回戦敗退 1回戦（A）Grimsby Town（FCP所属）戦，3対1で勝ち 2回戦（H）Tranmare Rovers（FL2所属）戦，2対2で引き分け 2回戦再試合（A）Tranmare Rovers戦，1対2で負け
Capital One Cup（リーグ・カップ）	2回戦敗退 1回戦（A）Bristol City（FL1所属）戦，2対1で勝ち 2回戦（A）West Bromwich Albion（PL所属）戦，1対1で延長の末，PK戦6対7で負け
Johnstone's Paint Trophy（FLトロフィー）	南地区1回戦敗退 南1回戦（A）Cheltenham Town（FL2所属）戦，0対2で負け

（出所）Anderson［2015］を基に筆者作成。

　以下，リーグ戦の結果について詳しくみていく。

　図表3-6は，2014/15シーズンのリーグ戦結果である。当該シーズンのインセンティブ・ボーナス・スキームの特徴として，リーグ戦5試合毎にシリーズという呼称が付されているので，シリーズ1～シリーズ9と表記した。また，ホーム開催の試合でホーム側の来場者数がボーナスの対象となっていたので，主催試合におけるOUFC側の来場者数も付した。

　Appleton氏が監督として就任したのは2014年7月4日であった。2014/15シーズンの開幕まで1ヶ月ほどの準備期間があったが，開幕4連敗を喫したり，8戦目でようやく勝利を収めたり，とシーズン序盤の成績は非常に悪かった。その後，シーズンが進むにつれて成績は改善したものの，序盤の苦戦が響き，各シリーズの終了時点で，一度もプレイオフ出場圏に浮上することなく，最終順位も7位以内という条件を満たせなかった。

図表3-6　2014/15シーズンのリーグ戦結果

シリーズ	節	日付	会場	対戦相手	結果		暫定順位	来場者数	OUFC側の来場者数
1	1	9-Aug	H	Burton Albion	L	0-1	16	5,370	4,975
	2	16-Aug	A	Mansfield Town	L	1-2	19	3,042	
	3	19-Aug	A	Morecambe	L	0-1	21	1,615	
	4	23-Aug	H	Portsmouth	L	0-1	24	6,852	4,716
	5	30-Aug	H	Dagenham & Redbridge	D	3-3	23	4,391	4,233
2	6	6-Sep	A	Southend United	D	1-1	23	5,315	
	7	13-Sep	A	Exeter City	D	1-1	22	3,076	
	8	16-Sep	H	Accrington Stanley	W	3-1	22	4,111	4,043
	9	20-Sep	H	Stevenage	D	0-0	22	4,658	4,395
	10	27-Sep	A	Luton Town	L	0-2	23	9,101	
3	11	4-Oct	H	Newport County	W	1-0	20	5,072	4,429
	12	11-Oct	A	Cambridge United	L	1-5	23	4,435	
	13	18-Oct	H	Tranmere Rovers	W	2-0	20	4,748	4,289
	14	21-Oct	A	Northampton Town	W	3-1	19	4,577	
	15	25-Oct	A	Carlisle United	L	1-2	19	4,392	
4	16	1-Nov	H	Wycombe Wanderers	L	1-2	19	7,552	5,862
	17	15-Nov	A	York City	W	1-0	18	3,363	
	18	22-Nov	H	AFC Wimbledon	D	0-0	19	5,443	4,923
	19	29-Nov	A	Cheltenham Town	D	1-1	19	3,002	
	20	13-Dec	H	Bury	W	2-1	17	6,912	6,697
5	21	20-Dec	A	Hartlepool United	D	1-1	17	4,070	
	22	26-Dec	H	Shrewsbury Town	L	0-2	17	7,502	6,878
	23	28-Dec	A	Plymouth Argyle	W	2-1	16	11,020	
	24	3-Jan	H	Cheltenham Town	L	1-2	16	5,360	4,861
	25	10-Jan	A	Dagenham & Redbridge	D	0-0	15	1,892	

	26	17-Jan	H	Southend United	L	2-3	17	7,207	6,576
	27	24-Jan	H	Exeter City	D	2-2	16	6,791	6,279
6	28	31-Jan	A	Stevenage	W	2-0	15	3,146	
	29	7-Feb	H	Luton Town	D	1-1	15	7,541	5,277
	30	10-Feb	A	Accrington Stanley	L	0-1	17	1,065	
	31	14-Feb	A	Burton Albion	L	0-2	17	2,954	
	32	21-Feb	H	Mansfield Town	W	3-0	17	6,954	6,632
7	33	28-Feb	A	Portsmouth	D	0-0	17	16,355	
	34	3-Mar	H	Morecambe	D	1-1	19	6,924	6,873
	35	7-Mar	A	Bury	W	1-0	18	3,645	
	36	14-Mar	H	Plymouth Argyle	D	0-0	17	8,057	6,767
	37	17-Mar	H	Hartlepool United	L	0-2	19	4,375	4,273
8	38	21-Mar	A	Shrewsbury Town	L	0-2	19	5,265	
	39	28-Mar	H	Carlisle United	W	2-1	16	5,515	5,039
	40	3-Apr	A	Wycombe Wanderers	W	3-2	15	6,892	
	41	6-Apr	H	York City	D	0-0	16	9,406	8,984
	42	11-Apr	A	AFC Wimbledon	D	0-0	16	4,234	
9	43	14-Apr	H	Northampton Town	D	1-1	16	4,839	4,229
	44	18-Apr	A	Tranmere Rovers	W	3-0	15	5,777	
	45	25-Apr	H	Cambridge United	W	2-0	14	5,954	5,347
	46	2-May	A	Newport County	W	1-0	13	4,295	

（出所）Anderson［2015］，OUFC［2015a］を基に筆者作成。

　図表3-7は，2014/15シーズンにおける個人ボーナス付与の条件と結果を整理したものである。リーグ戦に関しては，来場者数ボーナスのみ，複数回獲得することができた。カップ戦に関して，一部のカップ戦で勝利を収めたため，規定額のボーナスが獲得された。

図表3-7　2014/15シーズンにおける個人ボーナス付与の条件と結果

シーズン	条件	結果
2014/15	チームが5試合進捗する毎にリーグ7位以内であれば，貢献度に応じて，選手にボーナスが付与される	9回中1度も達成できなかった
	ホーム開催のリーグ戦でホーム側の来場者数が5,750名を超えた場合，当日の登録選手にボーナスが付与される	23試合中9回達成された
	チームがシーズンを終えてリーグ7位以内であれば，貢献度に応じて，選手にボーナスが付与される	達成できなかった（FL2：13位）
	チームがカップ戦で勝利すれば，貢献度に応じて，選手にボーナスが付与される	FAカップ：1試合勝利（2回戦敗退） リーグ・カップ：1試合勝利（2回戦敗退） FLトロフィー：未勝利（南地区1回戦敗退）

（出所）第15回調査におけるBrown氏の提供資料とAnderson [2015], OUFC [2015a] を基に筆者作成。

第4章

2015/16シーズンのMCS

Ⅰ 概要

　図表4-1は，インタビュー調査を行った2015年8月29日時点の役職一覧である。会長や監督は継続したが，数名の変更がなされた。

図表4-1　2015年8月29日時点の役職一覧

役職名		氏名	
Chairman		Darryl Eales	
Chief Executive Officer/Director		Mark Ashton	
Director		Ian Lenagan	
		Frank Waterhouse	
		Michael O'Leary	
	追加	David Jones	新
	追加	Peter Lee	新
Director of Business Operations	新規	Kevin Smith	新
Operations Director	新規	Caroline Robbins	新
Head Coach		Michael Appleton	
Assistant Head Coach		Derek Fazackerley	
	変更	Chris Allen	
Goalkeeping Coach		Wayne Brown	
Head of Football Logistics	新規	Jonty Castle	新
Head of Sports Science & Medecine	変更	Andrew Proctor	
Lead Sport Scientist	新規	Scott Daly	新
Sports Therapist		John Elliot	
Head of Technical Recruitment	変更	Mark Thomas	
Head Scout	新規	Craig Dean	新
Video Analyst		Dan Bond	
Academy Manager		Les Taylor	

Youth Development and Women's Manager		Richard Blackmore	
Project Manager		Luke Werhun	
Secretary		Mick Brown	
Head of Corporate	新規	Andy Wooldridge	新
Events Manager	新規	Georgina Fell	新
Ticket Office Supervisor		Christine Greenough	
Communications Manager		Chris Williams	
Financial Controller		John Deeley	
Accountant		Peter Dunnill	
Safety Officer		Neil Holdstock	新
Business Development Manager		Peter Rhoades-Brown	
Supporter Services Manager	新規	Sarah Gooding	新
Community Manager		Chris Lowes	

（出所）OUFC［2015b］を基に筆者作成。

Ⅱ チームの当初日程順の5試合毎の勝ち点合計に基づく個人ボーナス

ボーナス制度に関して，会長であるEales氏は，次のようにコメントした。

「試合での選手のパフォーマンスをいかにして貨幣価値に結び付けるかということであるが，Appleton監督が考案した新たなインセンティブ・システムを今シーズンから導入し，チームが5試合毎に獲得した勝ち点合計に応じて，頑張った選手たちにボーナスを付与することとした。」（第8回調査より）

写真4-1は，Appleton氏が考案したインセンティブ・システムの勝ち点目

標値で，練習場のクラブハウス内の廊下に掲示されていた。表の下部には，過去４シーズンにおける，自動昇格とプレイオフ進出に必要だった勝ち点実績が補足されていた。

写真4-1　クラブハウスに掲示されていたインセンティブ・システムの勝ち点目標値

(出所) 第８回調査で筆者撮影。

　写真4-1の新たなインセンティブ・システムの導入の経緯と，勝ち点目標値を設定した根拠について，Appleton氏は次のようにコメントした。

　「『チームをFL1（実質３部）へ昇格させる』という目標を実現させるために，今シーズンから新たなインセンティブ・システムを設けた。シーズンの勝ち点目標（TARGET）を75，シーズンのストレッチ勝ち点目標（STRETCH TARGET）を84に設定した根拠は，過去10シーズンの，自動昇格したクラブ（リーグ戦の最終順位が１～３位）とプレイオフに出場したクラブ（リーグ戦の最終順位が４～７位）の勝ち点を調査したところ，リーグ７位になるためには勝ち点75，リーグ３位になるた

めには勝ち点84が必要であると導き出されたからである。」（第8回調査
より）

　図表4-2は，OUFCが旧FL3部（実質4部）に降格した2001/02シーズン以
降の，実質4部におけるOUFCの順位と勝ち点，プレイオフに出場できる7
位になったクラブの勝ち点を表したものである（ただし，2006/07シーズン
から2009/10シーズンまではOUFCは実質5部に所属していたため除外する）。
　図表4-2によれば，2001/02シーズン以降の14シーズンにおいて，プレイオ
フに出場した7位クラブの平均勝ち点は71である一方，OUFCの最高順位は
2002/03シーズンと2013/14シーズンの8位であり，最多勝ち点は2003/04シ
ーズンの勝ち点71であった。

図表4-2　　実質4部におけるOUFCと7位クラブの成績比較

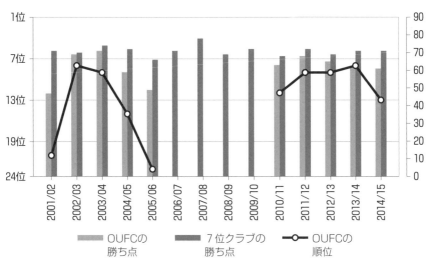

（出所）Brodetsky［2012］とAnderson［2011; 2012; 2013; 2014; 2015］を基に筆者作成。

OUFCが所属するFL2（実質４部）は24クラブで構成されており，リーグ戦は１つのクラブに対してホーム＆アウェイの計２試合ずつ対戦するゆえ，１シーズンの試合数は46試合である。

新たなインセンティブ・システムの仕組みについて，Appleton氏は次のようにコメントした。

「46試合を15試合ずつ３つに分けたものを『サイクル』（CYCLE）と名付け，さらに，各15試合を５試合ずつ３つに分けたものを『ブロック』（BLOCK）と名付けた。以下の計算式により，各サイクルのストレッチ勝ち点目標は27，各ブロックの勝ち点目標は８に設定した。シーズンのストレッチ勝ち点目標84は，各サイクルのストレッチ勝ち点目標27×３サイクル＋１試合分の勝ち点３である。シーズンの勝ち点目標75は，各ブロックの勝ち点目標8×9ブロック＋１試合分の勝ち点３である。各ブロック（５試合）で勝ち点８以上を獲得できれば，選手にはボーナスが付与されるが，勝ち点７以下の場合は，ボーナスは付与されない。また，勝ち点９以上の場合は勝ち点が１増える度にボーナス額が上乗せされる。」
（第８回調査より）

図表4-3は，図表4-2を基にして，サイクルとブロックの考え方を整理したものである。Appleton氏によれば，シーズンの勝ち点目標75とシーズンのストレッチ勝ち点目標84が先に導き出された，ということであったが，46試合を15試合ずつ３サイクルに分け，さらに，15試合を５試合ずつ３ブロックに分けた根拠として，ブロックは１ヶ月単位，１サイクルは３ヶ月単位であることが示されていた。

図表4-3　新たなインセンティブ・システムのサイクルとブロックの考え方

年月	2015年 8月	2015年 9月	2015年 10月	2015年 11月	2015年 12月	2016年 1月	2016年 2月	2016年 3月	2016年 4月	2016年 5月	合 計
シーズン	2015/16シーズン										
サイクル	1			2			3				
ブロック	1	2	3	1	2	3	1	2	3	α	
試合数	5	5	5	5	5	5	5	5	5	1	46
勝ち点目標	8	8	8	8	8	8	8	8	8	3	75
勝ち点の ストレッチ 目標	27			27			27			3	84

（出所）第8回調査における撮影画像を基に筆者作成。

　新たなインセンティブ・システムにおける各試合の位置づけについて，Appleton氏は次のようにコメントした。

　　「対戦相手が強くても弱くても，ホームの試合もアウェイの試合も，すべて対等な扱いである。対戦相手の強弱は客観的には判断できないし，試合毎に重要度を変えてしまうと非常に複雑なシステムとなってしまう。そこで，シンプルで分かりやすいシステムにした。」（第8回調査より）

　写真4-2は，練習場のクラブハウスに掲示されていた勝ち点目標値と勝ち点実績の表の様子であるが，誰もが通る廊下の目立つ位置に掲示されており，視覚的にもアピールされていた。また，シーズンの全試合の分が，サイクル1からサイクル3に分けられて，あらかじめ作成され掲示されていた。

写真4-2　勝ち点目標値と勝ち点実績の表

　これに関して，新たなインセンティブ・システムの導入は，2015/16シーズンからであるが，2014/15シーズンの最後の15試合で実際に獲得できた勝ち点を，遡って同じ形式の表の形で作成し，参考として掲示されていた（写真4-3）。これは，写真4-4のように，2015/16シーズンに実際に獲得していた勝ち点の現在進行形の表とともに，クラブハウスにある作戦会議室の，前方左側のとても目立つ場所に掲示されていた。

写真4-3　2014/15シーズンの最後15試合の結果を基に作成された勝ち点表

（出所）第8回調査で筆者撮影。

写真4-4　作戦会議室内の様子

（出所）第8回調査で筆者撮影。

写真4-5は，第8回調査時点における2015/16シーズンのサイクル１の勝ち点表であり，結果が出る毎に随時，勝ち点の数字が色分けして書き込まれていた。

写真4-5　第8回調査時点における2015/16シーズンのサイクル１の勝ち点表

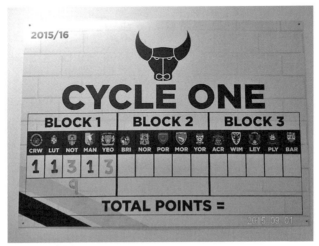

(出所) 第8回調査で筆者撮影。

第8回調査時点では，サイクル１ブロック　１の５試合を終えて勝ち点９であり，選手たちは５試合毎のブロック目標（BLOCK TARGET）をクリアしており，ボーナスを獲得できていた状況であった。

主将を務めるWright氏は，次のようにコメントした。

「今シーズンから設けられた新たなインセンティブ・システムは，ブロックの５試合でチームが勝ち点８以上を獲得できた場合に，個人ボーナスが付与される。」（第8回調査より）

秘書のBrown氏から提供された資料によれば，2015/16シーズンのインセ

88

ンティブ・ボーナスは，図表4-4のような内容であった（金額は仮設）。

　2014/15シーズンからの変更点として，以下の点が挙げられる。

　まず，リーグ戦ボーナスについて，2014/15シーズンは「5試合進捗する毎の暫定順位が7位以内」が条件であったが，2015/16シーズンは「5試合毎に勝ち点8以上の獲得」が条件となった。すなわち，2014/15シーズンは「累積成績」で評価されるので，シーズン序盤につまずいたら挽回が困難であったが，2015/16シーズンは「独立した5試合」毎の成績で評価されるので，5試合毎に挽回可能となった。一方で，シーズン・ボーナスの金額は，リーグ優勝以外は微減された。さらに，2014/15シーズンに新設された「ホーム開催のリーグ戦での来場者数によるボーナス」は1シーズンのみで廃止された。

　次に，貢献度に応じた各選手への配分係数について，2014/15シーズンのリーグ戦ボーナスは「先発出場は1，途中出場も1，ベンチ入りのみは0.25，ベンチ外は0」に変更されていたが，2015/16シーズンのリーグ戦ボーナスは「先発出場は1，途中出場は0.5，ベンチ入りのみは0，ベンチ外は0」へと再変更された。

図表4-4　2015/16シーズンのインセンティブ・ボーナス・スキーム

リーグ戦のインセンティブ・スキーム	1シーズンを15試合ずつ3サイクルに分け，さらに，各サイクルの15試合を5試合ずつ3ブロックに分ける。各ブロックの5試合で少なくとも勝ち点8以上獲得できた場合，ブロック毎にボーナスが付与される。 5試合で勝ち点8以上13以下を獲得できた場合のボーナス単価は，勝ち点1当たり£50とし，5試合で勝ち点15を獲得できた場合のみ，ボーナス単価は勝ち点1当たり£100となる。それに，下記の要領で足し合わせた係数を掛けて，各選手に付与される。	
	リーグ戦1試合での状況	試合毎の係数
	先発出場	1
	途中出場	0.5
	ベンチ入りのみ	0
	ベンチ外	0

シーズン・ボーナス	リーグ優勝を果たせば£250,000が追加で付与される。リーグ2位か3位による自動昇格，またはリーグ4〜7位によるプレイオフ優勝による昇格の場合は£150,000が追加で付与される。このボーナスに関して，下記の要領で，各選手には試合毎に係数が付与され，シーズン終了後，蓄積した係数に応じて分けられる。

リーグ戦1試合での状況	試合毎の係数
先発出場	1
途中出場	0.5
ベンチ入りのみ	0.25
ベンチ外	0

カップ戦ボーナス	カップ戦の試合で勝利した場合，試合毎に設定された勝利ボーナスが付与される。

FLトロフィー		リーグ・カップ		FAカップ	
1回戦	£50	1回戦	£100	1回戦	£200
2回戦	£75	2回戦	£150	2回戦	£300
準々決勝	£200	3回戦	£200	3回戦	£500
準決勝	£250	4回戦	£650	4回戦	£800
地区決勝	£500	5回戦	£1,000	5回戦	£1,000
決　勝	£5,000	準決勝	£1,250	6回戦	£1,500
		決　勝	£10,000	準決勝	£5,000
		決勝負け	£5,000	決　勝	£12,000
				準決負け	£2,500
				決勝負け	£7,000

カップ戦1試合での状況	試合毎の係数
先発出場	1
途中出場	1
ベンチ入りのみ	0.25
ベンチ外	0

（出所）第15回調査におけるBrown氏の提供資料を基に筆者作成（金額は仮設）。

図表4-4のリーグ戦のインセンティブ・ボーナス・スキームを基に，ブロック・ボーナスの合計額の変動について例示すると，図表4-5のようになる。

図表4-5　1ブロックすべてに先発出場した選手のブロック・ボーナス額の変動例

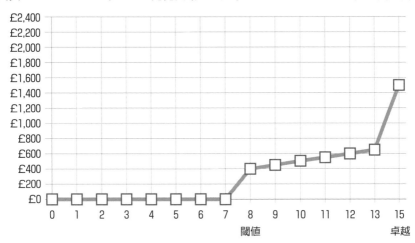

（出所）第15回調査におけるBrown氏の提供資料を基に筆者作成（金額は仮設）。

図表4-6は，第8回調査におけるWright氏のコメントを基に，チームがブロックの5試合合計で勝ち点8を獲得した場合に支給されるボーナス額の仮設例である。

例えば，選手Aはチームの主力選手で，あるブロックの5試合すべてに先発出場したが，選手Bは控え選手で，このブロックではベンチ入りして途中出場したりベンチ外であったとする。選手Aは，1試合目のように勝っても，2試合目のように負けても，3試合目のように引き分けても，先発出場すれば当該試合のボーナス係数として1を獲得する。選手Bは，ベンチ入りして途中出場すれば，2試合目のように負けても，4試合目のように引き分けても，当該試合のボーナス係数は0.5を獲得するが，勝った試合でも，1試合

図表4-6　ブロックで勝ち点8を獲得した場合に付与されるボーナス額の例

		ブロック					合計
		1試合目	2試合目	3試合目	4試合目	5試合目	
試合結果		勝ち	負け	引き分け	引き分け	勝ち	
勝ち点		3	0	1	1	3	8
選手A	試合出場の状況	先発フル出場	先発フル出場	先発フル出場	先発途中交代	先発途中交代	
	出場時間	90分	90分	90分	45分	30分	345分
	ボーナス係数	1/1	1/1	1/1	1/1	1/1	5/5
選手B	試合出場の状況	ベンチ外	控え途中出場	控え途中出場	控え途中出場	控え出場なし	
	出場時間	−	1分	30分	45分	0分	76分
	ボーナス係数	0/1	0.5/1	0.5/1	0.5/1	0/1	1.5/5

（出所）第8回調査におけるWright氏のコメントを基に筆者作成。

目のようにベンチ外だったり，5試合目のようにベンチ入りしても出場なしであれば，当該試合ではボーナス係数を獲得できないことになる。

　仮に，このブロックで勝ち点8を獲得し，ブロック・ボーナスが支給されることになれば，勝ち点1当たりのボーナス単価を£50とすると，勝ち点8を獲得したので，ボーナスの満額は£50×勝ち点8＝£400となる。したがって，選手Aは5試合すべてに先発出場したので，ボーナス係数の合計は5となり，選手Bは3試合に途中出場したのみであるため，ボーナス係数は1.5となる。よって，選手Aが受け取るボーナス額は，£50×勝ち点8×（5/5）＝£400となるが，選手Bが受け取るボーナス額は，£50×勝ち点8×（1.5/5）＝£120となる。

　2014/15シーズン以前のボーナス制度について，Wright氏は次のようにコメントした。

「以前は，チームの最終順位がプレイオフに出場できるリーグ7位以内に入った場合のみ，ボーナスが付与される仕組みであった[2]。得点ボーナスやアシストボーナス，無失点ボーナスのような，個々の数値目標達成に関するボーナス制度は，私の知る限りでは用いられていなかった。」（第8回調査より）

新たなインセンティブ・システムにおける基本給とボーナスの関係について，Wright氏は次のようにコメントした。

「基本給は選手によって異なるが，新たなインセンティブ・システムに基づいて設定されるボーナスの満額は，全選手同額である。基本給とボーナスの割合は，私の場合はうまくいけば，85%と15%になるのではないかと推測している。プロになりたての若手選手で，基本給が低くとも，毎試合出場して勝利に貢献した選手ならば，例えば50%と50%のように，ボーナスの割合が高くなる仕組みである。」（第8回調査より）

新たなインセンティブ・システムについてどのように捉えているのか，Wright氏は次のようにコメントした。

「以前のように，1シーズンを通じての成果で評価されるのではなく，独立した5試合ずつの成果で評価されるので，仮に今ブロックは成果が出なくても，次のブロックで頑張るぞと気持ちを新たにして挑めるため，私たち選手はモチベーションを維持することができると思う。控え選手

2　第15回調査におけるBrown氏の提供資料によれば，2013/14シーズンはチームの最終順位がリーグ7位以内に位置していればボーナスが付与される仕組みであり，2014/15シーズンはリーグ戦が5試合進捗する毎にリーグ7位以内に位置していればボーナスが付与される仕組みであった。

であっても途中出場し，チームも成果を出せば，ボーナス係数は半分が付与されるので，控え選手の不満はある程度は抑えることができると思う。また，個々のプレイの成果に対するボーナスはないので，個人ボーナス獲得を目的とした強引な個人プレイを抑えることができ，チームプレイが期待できるのではないか。」（第8回調査より）

　新たなインセンティブ・システムの懸念すべき点について，Wright氏は次のようにコメントした。

　「一方，新しいインセンティブ・システムでも，対戦相手の強弱や，ホームの試合とアウェイの試合の違いは考慮されない。それゆえ，ブロックによっては，格上相手の厳しい5連戦になることもあれば，容易な5連戦になることもある。ブロックの出だしで，仮に3連敗したら，その時点でブロック目標を達成できないことが確定するので，残り2試合のモチベーション維持は，難しくなるかもしれない。」（第8回調査より）

Ⅲ 100項目を超えるKPIの継続

　2015/16シーズンのKPIについて，ビデオアナリストのBond氏によれば，「100を超えるKPIを用いた分析に変更はなく，今シーズンも継続して行っている」（第8回調査より）ということであった。

Ⅳ 練習でのデータ活用

　2015/16シーズンにおける練習でのデータ活用について，Bond氏によれば，「ビデオ映像による分析や，印刷した対戦前分析資料を用いた練習での事前行動レビューは，2014/15シーズンから変更点はなく，継続して行っていた」（第14回調査より）ということであった。

Ⅴ ユニット別の定量的行動目標

　行動目標について，Bond氏は次のようにコメントした。

　　「2014/15シーズンに試みた，ドレッシング・ルームでのポジション別の行動目標や監督からのメッセージの掲示については，あまり効果が得られなかったので変更された。今シーズンからは，複数ポジションからなるユニット毎に，具体的な数値目標が示されることとなった。それらは，監督とコーチング・スタッフの協議によって作成された。」（第8回調査より）

　写真4-6と写真4-7は，2015/16シーズンのドレッシング・ルームの様子であるが，前シーズンに掲げられていた，ポジション別行動目標や監督からのメッセージはなくなっていた。

写真4-6　2015/16シーズンのドレッシング・ルームの様子

（出所）第8回調査で筆者撮影。

写真4-7　2015/16シーズンのドレッシング・ルームの様子

（出所）第8回調査で筆者撮影。写っているのはコミュニケーション・マネージャーのWilliams氏。

　図表4-7は，第8回調査でBond氏から提供された，2015/16シーズンから導入されたチーム全体とユニット別の定量的行動目標である。

図表4-7　2015/16シーズン導入のチーム全体とユニット別の定量的行動目標例

チーム	チーム全体の目標（TEAM TARGET）・相手選手とのボールの競り合いで50％以上競り勝つ		
ユニット	守備の選手の目標（GK&DEFENCE TARGETS）	中盤の選手の目標（MIDFIELD TARGETS）	攻撃の選手の目標（ATTACKERS TARGETS）
5試合毎の目標（5 Game Block Targets）	・2試合の無失点試合 ・5失点しない ・1試合当たりクロスを2本以上成功させる ・5分以内に連続して失点しない	・パス成功率の平均が82％ ・すべてのパスのうち前方へのパスの割合の平均が63％ ・センターMF合わせてボールの奪取回数が1試合当たり12回 ・サイドMF合わせてボールの奪取回数が1試合当たり7回	・1試合当たり5本シュートする ・15試合平均の枠内シュート率が36％ ・3アシストする ・相手選手とのボールの競り合いで50％以上競り勝つ
シーズンを通しての目標（Whole Season Targets）	・1試合平均で2失点以上しない	・センターMFは合わせて6得点する ・サイドMFは合わせて15得点する	・FWは合わせて30得点

（出所）第8回調査におけるBond氏の提供資料を基に筆者作成。

　図表4-7において，チーム全体目標は「相手選手とのボールの競り合いで50％以上競り勝つ」とされていた。その理由に関して，Bond氏が提供してくれた2014/15シーズンのデータ（図表4-8）を確認すると，勝った試合のほうが負けた試合よりも，ボール競り勝ち率が高かった，というデータ分析に基づくものであった。

図表4-8 2014/15シーズンの試合結果とボール支配率，シュート本数，ボール
競り勝ち率の関係

試合結果	ボール支配率	シュート本数	ボール競り勝ち率
負けた試合	54.5%	13本	46%
引き分けた試合	54.4%	12本	48%
勝った試合	52.6%	13本	50%

（出所）第8回調査におけるBond氏の提供資料を基に筆者作成。

VI 罰金制度

　先に示した，2014/15シーズンにおける写真3-22は，「トレーニング・グラ
ウンドに関する罰金の一覧表」，写真3-23は「試合日と移動等に関する罰金
の一覧表」であったが，2015/16シーズンのトレーニング・ルーム内には，
写真4-8のような「スポーツ科学と医療に関する罰金の一覧表」が，写真4-9
のように，トレーニング・ルームの右奥の位置に掲示されていた。

写真4-8　2015/16シーズンにおけるスポーツ科学と医療に関する罰金の一覧表

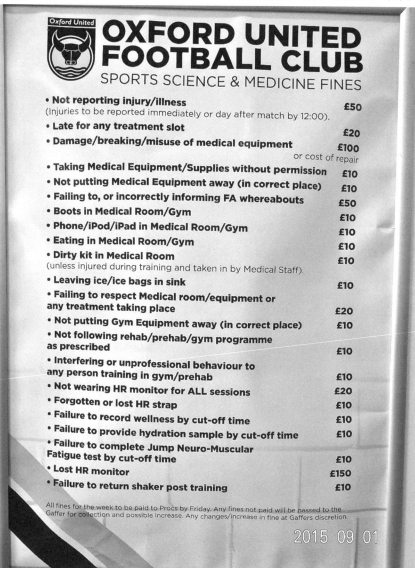

以下，22項目が示されていた。

・怪我や病気の報告を怠ってはならない	
（怪我は直ちに，もしくは試合の翌日12時まで）	£50
・理学療法士による処置に遅刻してはならない	£20
・医療器具を壊してはならない	£100＋修理費
・許可なしに薬やサプリメントを服用してはならない	£10
・医療器具は元の位置に戻さねばならない	£10
・所在の報告を怠ったり，誤って報告してはならない	£50
・医療室やジムの中で外靴を履いてはならない	£10
・医療室やジムの中に通信機器を持ち込んではならない	£10
・医療室やジムの中で食事をしてはならない	£10
・練習中に負傷して医療スタッフが持ち込まない限り，医療室に	
汚れた服を持ち込んではならない	£10
・流し台に氷や氷の袋を残したままにしてはならない	£10
・医療室や医療器具,その他処置する場所を尊重しなければならない	£20
・ジム器具は元の位置に戻さねばならない	£10
・規定通りにリハビリやプレハビリ，ジムのプログラムに従わねば	
ならない	£10
・ジムやプレハビリ中の選手に干渉したり，プロ意識の欠如した	
行動をしてはならない	£10
・すべてのセッションにおいて心拍数モニターを装着していなければ	
ならない	£20
・心拍数ストラップを紛失してはならない	£10
・（規定の）終了時間までに,健康状態の記録を怠ってはならない	£10
・（規定の）終了時間までに,水和サンプルの供給を怠ってはならない	£10

- ・(規定の)終了時間までに, ジャンプ神経筋疲労テストを怠ってはならない　£10
- ・心拍数モニターを紛失してはならない　　　　　　　　　　　　　　　£150
- ・シェーカーは紛失せずに返却しなければならない　　　　　　　　　　£10

写真4-9　2015/16シーズンにおけるトレーニング・ルームの様子

(出所) 第8回調査で筆者撮影。

　写真4-10は, トレーニング・ルーム内に掲示されていた, 2015年8月31日から9月6日までの1週間のトレーニング・スケジュールである。ミーティングは赤色, サッカーの実戦練習は青色, ジム・トレーニングや準備運動は黄色, 治療は緑色, 後片づけや移動などは橙色で色分けされ, スケジュール内容は30分単位で決められていた。

写真4-10　2015/16シーズンにおけるトレーニング・スケジュール

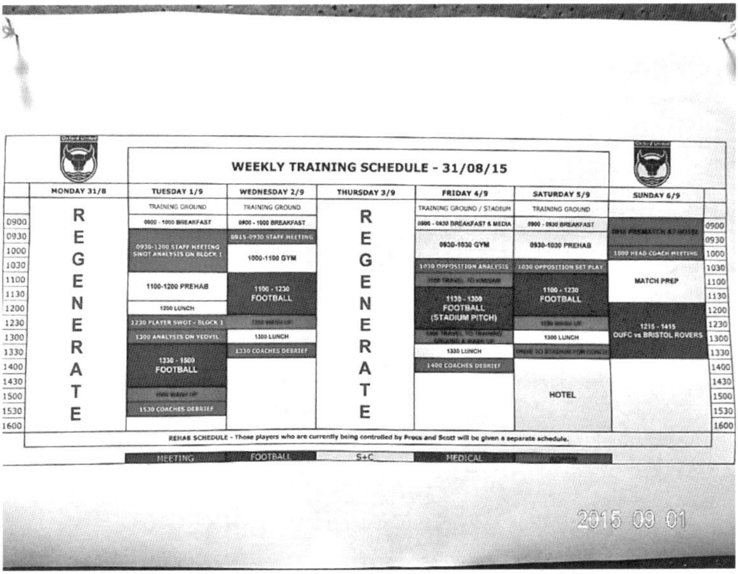

（出所）第8回調査で筆者撮影。

Ⅶ 組織シンボル

　2015/16シーズンから，新たに組織シンボルが作成された。写真4-9においても，奥の壁に"#100"という文字が見えるが，写真4-11はトレーニング・ルームに掲げられていたデザインであり，写真4-12はドレッシング・ルームに掲げられていた別のデザインである。

　コミュニケーション・マネージャーのChris Williams氏は，次のようにコメントした。

　　「在籍している選手の発案によって，組織シンボルが作成された。『チ

ーム（Team）と個人（Individual）が100%の力（#100）を発揮すれば成功（Success）する。そのためには，信頼（Trust），態度（Attitude），責任（Responsibility），約束（Commitment），犠牲（Sacrifice）が大事である』という思いが込められている。」（第8回調査より）

写真4-11　2015/16シーズンに作成された組織シンボルのデザイン

（出所）第8回調査で筆者撮影。

写真4-12　2015/16シーズンに創作された組織シンボルの別デザイン

（出所）第8回調査で筆者撮影。

VIII チーム成績

　2015/16シーズンの結果をまとめると，図表4-9の通りであった。

　FAカップは，１・２回戦はNational League（以下，NL。実質５部。リーグの名称が変更となった）所属のクラブに勝利し，３回戦でもPL（実質１部）所属のSwansea Cityに勝利したものの，４回戦でFLC（実質２部）所属のBlackburn Roversに敗れた。また，リーグ・カップは，１回戦でFLC所属のBrentfordに勝利したものの，２回戦でFLC所属のShefield Wednesdayと対戦して敗れた。一方で，FLトロフィーでは大健闘して決勝まで勝ち進み，FL1（実質３部）所属のBarnsleyと対戦して２対３で惜敗し，準優勝となった。

図表4-9　2015/16シーズンのチーム成績

Sky Bet League Two (FL2)	2位 46試合24勝14分８敗，勝ち点86
The Emirates FA Cup (FAカップ)	4回戦敗退 １回戦（A）Braintree Town（NL所属）戦，１対１で引き分け １回戦再試合（H）Braintree Town戦，３対１で勝ち ２回戦（H）Forest Green Rovers（NL所属）戦，１対０で勝ち ３回戦（H）Swansea City（PL所属）戦，３対２で勝ち ４回戦（H）Blackburn Rovers（FLC所属）戦，０対３で負け
Capital One Cup (リーグ・カップ)	2回戦敗退 １回戦（A）Brentford（FLC所属）戦，４対０で勝ち ２回戦（A）Sheffield Wednesday（FLC所属）戦，０対１で負け
Johnstone's Paint Trophy (FLトロフィー)	準優勝 南２回戦（H）Swindon Town（FL1所属）戦，２対０で勝ち 南準々決勝（A）Dagenham & Redbridge（FL2所属）戦，２対０で勝ち 南準決勝（H）Yeobil Town（FL2所属）戦，３対２で勝ち 南決勝１レグ（A）Milwall（FL1所属）戦，２対０で勝ち 南決勝２レグ（H）Milwall戦，０対１で負け 決勝（N）Barnsley（FL1所属）戦，２対３で負け

（出所）Anderson［2016］を基に筆者作成。

以下，リーグ戦の結果について詳しくみていく。

図表4-10は，2015/16シーズンのリーグ戦結果である。当該シーズンのインセンティブ・ボーナス・スキームの特徴として，リーグ戦5試合毎についてブロック，リーグ戦15試合毎についてサイクルという呼称が設定されたので，そのように区分した。また，シーズン当初に公表された試合日程の通りに行われなかった試合については，マスの背景をグレーにした。このシーズンは，監督就任2年目を迎えたAppleton氏が通年で指揮を執った。12戦目以降はシーズン終了まで，自動昇格圏のリーグ3位以内を維持することができた。

図表4-10　2015/16シーズンのリーグ戦結果

サイクル	ブロック	節	日付	会場	対戦相手	結果		暫定順位	来場者数
1	1	1	8-Aug	H	Crawley Town	D	1-1	15	6,349
		2	15-Aug	A	Luton Town	D	2-2	16	8,877
		3	18-Aug	H	Notts County	W	3-1	10	5,774
		4	22-Aug	A	Mansfield Town	D	1-1	9	3,112
		5	29-Aug	H	Yeovil Town	W	2-0	5	6,018
	2	6	6-Sep	A	Bristol Rovers	W	1-0	4	7,038
		7	12-Sep	A	Northampton Town	L	0-1	8	4,838
		8	19-Sep	H	Portsmouth	D	1-1	5	9,093
		9	26-Sep	H	Morecambe	D	0-0	6	5,273
		10	29-Sep	A	York City	W	2-1	6	2,791
	3	11	3-Oct	A	Accrington Stanley	W	3-1	5	1,755
		12	10-Oct	H	AFC Wimbledon	W	1-0	3	6,301
		13	17-Oct	A	Leyton Orient	D	2-2	3	6,296
		14	20-Oct	H	Plymouth Argyle	W	1-0	3	7,007
		15	24-Oct	H	Barnet	L	2-3	3	6,137

		16	31-Oct	A	Stevenage	W	5-1	2	3,412
2	1	17	14-Nov	H	Cambridge United	W	1-0	2	6,958
		18	21-Nov	A	Dagenham & Redbridge	W	1-0	2	1,980
		19	24-Nov	H	Newport County	D	1-1	2	5,479
		20	28-Nov	A	Hartlepool United	W	1-0	1	3,622
	2	21	12-Dec	H	Carlisle United	D	1-1	2	5,936
		22	19-Dec	A	Wycombe Wanderers	L	1-2	3	5,742
		23	26-Dec	H	Exeter City	W	3-0	2	9,683
		24	28-Dec	A	Yeovil Town	D	0-0	3	4,661
		25	2-Jan	A	Notts County	W	4-2	3	5,877
	3	28	9-Feb	H	Mansfield Town	D	2-2	3	5,346
		26	17-Jan	H	Bristol Rovers	L	1-2	3	9,492
		27	23-Jan	A	Portsmouth	W	1-0	3	17,840
		30	16-Feb	H	Northampton Town	L	0-1	3	9,559
		32	23-Feb	A	Exeter City	W	4-1	3	3,089
3	1	29	13-Feb	A	Morecambe	W	4-2	3	1,749
		31	20-Feb	H	Accrington Stanley	L	1-2	3	6,792
		33	27-Feb	A	AFC Wimbledon	W	2-1	3	4,628
		34	1-Mar	H	York City	W	4-0	2	5,654
		35	5-Mar	A	Plymouth Argyle	D	2-2	2	10,091
	2	36	12-Mar	H	Leyton Orient	L	0-1	2	7,102
		38	19-Mar	A	Barnet	W	3-0	2	3,264
		39	25-Mar	H	Stevenage	D	1-1	2	7,980
		40	28-Mar	A	Cambridge United	D	0-0	2	6,108
		37	15-Mar	H	Dagenham & Redbridge	W	4-0	2	5,319
	3	41	9-Apr	A	Crawley Town	W	5-1	2	3,340
		42	16-Apr	H	Luton Town	L	2-3	2	8,838
		43	19-Apr	A	Newport County	D	1-1	3	2,847
		44	23-Apr	H	Hartlepool United	W	2-0	3	7,955
		45	30-Apr	A	Carlisle United	W	2-0	3	6,948
	α	46	7-May	H	Wycombe Wanderers	W	3-0	2	11,815

（出所）第 8 回調査における撮影画像とAnderson ［2016］ を基に筆者作成。

　2015/16シーズンのリーグ戦結果を，シーズン開幕当初に作成された勝ち点目標値の表に当てはめると，図表4-11となる。

　表の見方を説明すると，まず，「結果」について，3は勝ち，1は引き分け，0は負けである。次に，「月計」はブロック毎の勝ち点合計，「季計」はサイクル毎の勝ち点合計で，○囲みの数字は，目標を達成できた場合であることを意味する。斜字かつ下線は日程が変更となった試合で，例えばサイクル2ブロック3のMAN（Mansfield Town）戦は，シーズン開幕当初は1月9日の開催が予定されていたが，カップ戦で勝ち進んだ結果，同日にカップ戦の試合が組まれてしまったために，2月9日の開催に延期となった。また，背景がグレーの部分は日程が変更となり，ブロックとサイクルを戻って開催された試合で，例えばサイクル2ブロック3のNOR（Northampton Town）戦は，カップ戦が優先されて試合が2月16日に延期となった結果，次のサイクルであるサイクル3ブロック1のMOR（Morecambe）戦が先に2月13日に開催されることになった。下部リーグにおいては，カップ戦で勝ち進むことを前提とせずにリーグ戦のスケジュールが組まれるため，カップ戦で勝ち進んだことにより，リーグ戦が延期されたり，前倒し（サイクル3ブロック2のD&G（Dagenham & Redbridge）戦）されたのである。

　結果として，5試合毎に勝ち点8以上というブロック目標を9回中8回達成し，15試合毎に勝ち点27というサイクル目標を3回中3回達成することができた結果，年間順位2位で自動昇格を果たし，FL1への昇格というシーズン目標を達成することができた。しかし試合延期の影響を受けたサイクル2ブロック3だけは，勝ち点が1足りずにブロック目標を達成できなかった。

図表4-11　2015/16シーズンの勝ち点実績表

サイクル	1														
ブロック	1					2					3				
日付	8-Aug	15-Aug	18-Aug	22-Aug	29-Aug	6-Sep	12-Sep	19-Sep	26-Sep	29-Sep	3-Oct	10-Oct	17-Oct	20-Oct	24-Oct
相手	CRW	LUT	NOT	MAN	YEO	BRI	NOR	POR	MOR	YOR	ACR	WIM	LEY	PLY	BAR
結果	1	1	3	1	3	3	0	1	1	3	3	3	1	3	0
月計	⑨					⑧					⑩				
季計	㉗														

サイクル	2														
ブロック	1					2					3				
日付	31-Oct	14-Nov	21-Nov	24-Nov	28-Nov	12-Dec	19-Dec	26-Dec	28-Dec	2-Jan	*9-Feb*	17-Jan	23-Jan	*16-Feb*	*23-Feb*
相手	STE	CAM	D&R	NEW	HAR	CAR	WYC	EXE	YEO	NOT	*MAN*	BRI	POR	*NOR*	*EXE*
結果	3	3	3	1	3	1	0	3	1	3	*1*	0	3	*0*	*3*
月計	⑬					⑧					7				
季計	㉘														

サイクル	3															
ブロック	1					2					3					α
日付	13-Feb	20-Feb	27-Feb	1-Mar	5-Mar	12-Mar	19-Mar	25-Mar	28-Mar	*15-Mar*	9-Apr	16-Apr	19-Apr	23-Apr	30-Apr	7-May
相手	MOR	ACR	WIM	YOR	PLY	LEY	BAR	STE	CAM	*D&R*	CRW	LUT	NEW	HAR	CAR	WYC
結果	3	0	3	3	1	0	3	1	1	*3*	3	0	1	3	3	3
月計	⑩					⑧					⑩					③
季計	㉛															

（出所）第8回調査における撮影画像とAnderson［2016］を基に筆者作成。

　図表4-12は，2015/16シーズンにおける個人ボーナス付与の条件と結果を整理したものである。結果として，リーグ戦では，新たに導入されたブロック・ボーナスを8回獲得し，シーズン・ボーナスも獲得することができた。また，カップ戦でも，すべてのカップ戦で勝利を収め，決勝まで進出したカップ戦もあり，回戦別に規定されたボーナスを獲得した。

図表4-12　2015/16シーズンにおける個人ボーナス付与の条件と結果

シーズン	条件	結果
2015/16	チームが5試合毎に勝ち点8以上を獲得できれば，貢献度に応じて，選手にボーナスが付与される	9回中8回達成できた
	チームがシーズンで昇格を果たせば，貢献度に応じて，選手にボーナスが付与される	達成できた（FL2：2位で自動昇格）
	チームがカップ戦で勝利すれば，貢献度に応じて，選手にボーナスが付与される	FAカップ：3試合勝利（4回戦敗退） リーグ・カップ：1試合勝利（2回戦敗退） FLトロフィー：4試合勝利（準優勝）

（出所）第15回調査におけるBrown氏の提供資料とAnderson［2016］を基に筆者作成。

第５章

2016/17シーズンのMCS

I 概要

The Football LeagueからEnglish Football League（以下，EFL）への改称に伴い，カップ戦の名称も変更されて，リーグ・カップとFLトロフィーはそれぞれ，English Football League Cup（以下，EFLカップ）とEnglish Football League Trophy（以下，EFLトロフィー）となった。また，EFLトロフィーは出場資格が見直され，これまではFL1（実質3部）かFL2（実質4部）に所属するクラブのトップチームのみが出場していたが，2016/17シーズンより，PL（実質1部）やFLC（実質2部）に所属するクラブのU-21チームも出場できることとなった。図表5-1は2016/17シーズンのFLトロフィーに出場したU-21チーム一覧である。

図表5-1　2016/17シーズンのEFLトロフィーに出場したU-21チーム

	Northern Section Group	Southern Section Group
PL所属クラブのU-21チーム	・Everton U-21 ・Leicester City U-21 ・Middlesbrough U-21 ・Stoke City U-21 ・Sunderland U-21	・Chelsea U-21 ・Southampton U-21 ・Swansea City U-21 ・West Bromwich Albion U-21 ・West Ham United U-21
FLC所属クラブのU-21チーム	・Blackburn Rovers U-21 ・Derby County U-21 ・Wolverhampton Wanderers U-21	・Brighton & Hove Albion U-21 ・Norwich City U-21 ・Reading U-21

（出所）Anderson［2017］を基に筆者作成。

図表5-2は，インタビュー調査を行った2016年8月20日時点の役職一覧である。最高経営責任者であったAshton氏が退任し，取締役社長（Managing Director）としてGreig Box Turnbull氏が就任した。また，Eales氏の役職

名は会長から代表取締役会長に変更となった。

図表5-2　2016年8月20日時点の役職一覧

役職名		氏名	
Executive Chairman	変更	Darryl Eales	
Director		David Jones	
		Peter Lee	
	追加	Steve Dolton	新
	追加	Simon Kelner	新
PA to the Chairman	新規	Cheryl Cooper	新
Head Coach		Michael Appleton	
Assistant Head Coach		Derek Fazackerley	
		Chris Allen	
Goalkeeping Coach		Wayne Brown	
Head of Football Operations	変更	Jonty Castle	
Head of Sports Science & Medecine		Andrew Proctor	
Lead Sport Scientist		Scott Daly	
Sports Therapist		John Elliot	
Head of Technical Recruitment		Mark Thomas	
Head Scout		Craig Dean	
Video Analyst		Dan Bond	
Academy Manager		Les Taylor	
Youth Development and Women's Manager		Richard Blackmore	
Managing Director	新規	Greig Box Turnbull	新
Secretary		Mick Brown	
Head of Commercial	新規	Joanna Emmerson	新
Ticket Office Supervisor		Christine Greenough	
Communications Manager		Chris Williams	

Financial Controller		Benn Brown	新
Accountant		Peter Dunnill	
Safety Officer		Neil Holdstock	
Business Development Manager		Peter Rhoades-Brown	
Corporate Sales Exec	新規	Adam Harris	新
Supporter Services Manager		Sarah Gooding	
Head of Oxford United Community Trust	新規	Kate Longworth	新
Head of Football & Sports Development	変更	Chris Lowes	
Head of Retail	新規	Claire Theobald	新
Shop Manager	新規	Lee Barton	新
Office Manager	新規	Kathy Winstanley	新

（出所）OUFC［2016］を基に筆者作成。

Ⅱ チームの試合消化順の５試合毎の勝ち点合計に基づく個人ボーナス

　第９回調査で，練習場のクラブハウス内に，2016/17シーズンのサイクル１の勝ち点表が掲示されているのを確認した。写真5-1は，掲示されていた勝ち点表であるが，2015/16シーズンに掲示されていた勝ち点表との違いとして，サイクル１の勝ち点表のみしか掲示されていなかったこと，材質が厚手のパネルから紙ポスターに変わっていたことなどがあった。

写真5-1　2016/17シーズンの勝ち点表

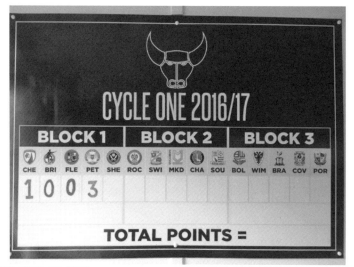

(出所) 第9回調査で筆者撮影。

　この勝ち点表について，サッカー事業部長（Head of Football Operations）のJonty Castle氏は，次のようにコメントした。

> 「まだシーズンが始まったばかりで，勝ち点目標値の掲示は準備中であるが，シーズンの勝ち点目標やシーズンのストレッチ勝ち点目標は，2015/16シーズンのものを引き続き採用することとした。」（第9回調査より）

　2016/17シーズンの勝ち点目標値は，図表5-3のようになる。

図表5-3　2016/17シーズンの勝ち点目標値

年月	2016年8月	2016年9月	2016年10月	2016年11月	2016年12月	2017年1月	2017年2月	2017年3月	2017年4月	2017年5月	合計
シーズン	2016/17シーズン										合計
サイクル	1			2			3				
ブロック	1	2	3	1	2	3	1	2	3	α	
試合数	5	5	5	5	5	5	5	5	5	1	46
勝ち点目標	8	8	8	8	8	8	8	8	8	3	75
勝ち点のストレッチ目標	27			27			27			3	84

(出所) 第9回調査におけるCastle氏のコメントを基に筆者作成。

　Castle氏は，インセンティブ・システムに関して，次のようにコメントした（金額は仮設）。

　「しかしながら，インセンティブ・システムには，変更や新たな取り組みも加えた。2015/16シーズンのシーズン目標は昇格であったが，2016/17シーズンのシーズン目標はプレイオフ出場（FL1で6位以内）に変更した。また，ブロック・ボーナスは，単価×勝ち点数で決まる仕組みであるが，2015/16シーズンは，£50×勝ち点8，£50×勝ち点9，£50×勝ち点10，・・・のように，勝ち点1当たりの単価は一律£50であったが，2016/17シーズンは，£75×勝ち点8，£80×勝ち点9，£85×勝ち点10，£90×勝ち点11，£100×勝ち点12，£125×勝ち点13，£150×勝ち点15となり，単価が逓増する仕組みに変更した。シーズン・ボーナスについても，2015/16シーズンは，リーグ優勝した場合は£250,000，リーグ優勝を逃しても，昇格を果たした場合は£150,000であったが，2016/17シーズンは，昇格を果たした場合は£1,000,000，昇格を果たせ

ずともプレイオフに出場した場合は£100,000とした。」（第9回調査より）

ブロック・ボーナスの合計額の変動について図示すると，図表5-4のようになる。

図表5-4　1ブロックすべてに先発出場した選手のブロック・ボーナス額の変動例

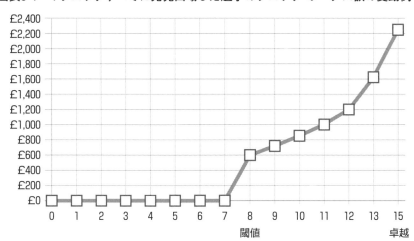

（出所）第9回調査におけるCastle氏のコメントを基に筆者作成。

2016/17シーズンの終盤に行った第13回調査で，秘書のBrown氏は，次のようにコメントした。

「2015/16シーズンは，カップ戦で勝ち進んでリーグ戦の開催が前倒しまたは延期された場合，ブロックの括りは当初の試合日程のまま変更せず，当該ブロックの結果が出ていなくとも，次のブロックに進んだことがあったが，2016/17シーズンは，試合が行われた順に括り直されて，ブロックの結果が前から順に出るようになった。」（第13回調査より）

これらを図示すると，図表5-5および図表5-6のようになる。図表5-5は当初日程順の勝ち点実績表で，この場合，太枠で囲んだ３試合（サイクル２ブロック３の２試合と，サイクル３ブロック１の１試合）が開催されるよりも先に，サイクル３ブロック２のBRI（Bristol Rovers）戦が開催されることとなり，サイクルやブロックを前後してしまう可能性があったが，図表5-6のように，試合消化順にサイクルやブロックが括り直す方式に変更したことにより，この問題を解消することができていた。

図表5-5　当初日程順に基づく2016/17シーズンの勝ち点実績表

サイクル	1														
ブロック	1					2					3				
日付	6-Aug	14-Aug	17-Aug	20-Aug	27-Aug	3-Sep	10-Sep	17-Sep	24-Sep	27-Sep	1-Oct	9-Oct	15-Oct	18-Oct	22-Oct
相手	CHE	BRI	FLE	PET	SHE	ROC	SWI	MKD	CHA	SOU	BOL	WIM	BRA	COV	POR
結果	1	0	0	3	0	3	3	1	1	0	3	0	3	0	1
月計	4					⑧					7				
季計	19														

サイクル	2														
ブロック	1					2					3				
日付	29-Oct	12-Nov	19-Nov	22-Nov	26-Nov	10-Dec	17-Dec	26-Dec	31-Dec	2-Jan	*21-Mar*	14-Jan	21-Jan	*7-Mar*	5-Feb
相手	MIL	SHR	COV	GIL	SCU	OLD	BUR	NOR	WAL	GIL	*BOL*	WIM	ROC	*SHE*	SWI
結果	0	0	3	3	1		1	3	0	1		0	3		3
月計	7					⑧									
季計	??														

サイクル	3															
ブロック	1					2					3					α
日付	11-Feb	14-Feb	*21-Feb*	25-Feb	*5-Apr*	4-Mar	11-Mar	14-Mar	18-Mar	25-Mar	*28-Mar*	8-Apr	14-Apr	17-Apr	22-Apr	30-Apr
相手	MKD	SOU	*CHA*	CHE	*FLE*	BRI	PET	OLD	SCU	NOR	*BUR*	WAL	BRA	POR	MIL	SHR
結果	3	0	*3*	3		0										
月計																
季計	??															

（出所）第９回調査におけるCastle氏のコメントと第13回調査におけるBrown氏のコメントを基に筆者作成。

図表5-6　試合消化順に基づく2016/17シーズンの勝ち点実績表

サイクル	1														
ブロック	1					2					3				
日付	6-Aug	14-Aug	17-Aug	20-Aug	27-Aug	3-Sep	10-Sep	17-Sep	24-Sep	27-Sep	1-Oct	9-Oct	15-Oct	18-Oct	22-Oct
相手	CHE	BRI	FLE	PET	SHE	ROC	SWI	MKD	CHA	SOU	BOL	WIM	BRA	COV	POR
結果	1	0	0	3	0	3	3	1	1	0	3	0	3	0	1
月計	4					⑧					7				
季計	19														

サイクル	2														
ブロック	1					2					3				
日付	29-Oct	12-Nov	19-Nov	22-Nov	26-Nov	10-Dec	17-Dec	26-Dec	31-Dec	2-Jan	14-Jan	21-Jan	5-Feb	11-Feb	14-Feb
相手	MIL	SHR	COV	GIL	SCU	OLD	BUR	NOR	WAL	GIL	WIM	ROC	SWI	MKD	SOU
結果	0	0	3	3	1	1	3	0	1	3	0	3	3	3	0
月計	7					⑧					⑨				
季計	24														

サイクル	3															
ブロック	1					2					3					α
日付	21-Feb	25-Feb	4-Mar	7-Mar	11-Mar	14-Mar	18-Mar	21-Mar	25-Mar	28-Mar	5-Apr	8-Apr	14-Apr	17-Apr	22-Apr	30-Apr
相手	CHA	CHE	BRI	SHE	PET	OLD	SCU	BOL	NOR	BUR	FLE	WAL	BRA	POR	MIL	SHR
結果	3	3	0	0	3	0	3	0	1	3	0	1	0	3	3	3
月計	⑨					7					7					③
季計	26															

（出所）第13回調査におけるBrown氏のコメントを基に筆者作成。

　秘書のBrown氏から提供された資料によれば，2016/17シーズンのインセンティブ・ボーナスは，図表5-7のような内容であった（金額は仮設）。

　2015/16シーズンからの変更点として，以下の点が挙げられる。

　まず，リーグ戦ボーナスについて，勝ち点１当たりの単価が「増額」された。2015/16シーズンは，勝ち点９以上13以下を獲得しても勝ち点１当たりのボーナス単価は「均一」であったが，2016/17シーズンは，勝ち点９以上獲得した場合，勝ち点１当たりのボーナス単価が「逓増」するように変更さ

れていた。また，シーズン・ボーナスの総額も「増額」されていた。

　次に，カップ戦ボーナスについて，2015/16シーズンは，リーグ・カップとFLトロフィーにも，回戦別にボーナス額が「あらかじめ設定」されていたが，2016/17シーズンは，EFLカップとEFLトロフィーのボーナス額は，勝利した場合，当該試合の「正味入場料収入の5％」という方式に変更された。

　最後に，貢献度に応じた各選手への配分係数について，2015/16シーズンのカップ戦ボーナスは一律「先発出場は1，途中出場は1，ベンチ入りのみは0.25，ベンチ外は0」であったが，2016/17シーズンはEFLカップとEFLトロフィーのみ「先発出場は1，途中出場は0.5，ベンチ入りのみは0.25，ベンチ外は0」に変更された。

図表5-7　2016/17シーズンのインセンティブ・ボーナス・スキーム

リーグ戦ボーナス	1シーズンを5試合ずつ9ブロックに分ける。5試合で少なくとも勝ち点8以上獲得できた場合，ブロック毎にボーナスが付与される。	
		対象の5試合すべてに先発出場した場合の，勝ち点1当たりのボーナス単価	対象の5試合すべてに途中出場した場合の，勝ち点1当たりのボーナス単価
	勝ち点8	£75	£37.5
	勝ち点9	£80	£40
	勝ち点10	£85	£42.5
	勝ち点11	£90	£45
	勝ち点12	£100	£50
	勝ち点13	£125	£62.5
	勝ち点15	£150	£75
	リーグ戦1試合での状況	試合毎の係数	
	先発出場	1	
	途中出場	0.5	
	ベンチ入りのみ	0	
	ベンチ外	0	

シーズン・ボーナス	プレイオフ出場を果たした場合，£100,000が付与される。また，昇格を果たした場合，£1,000,000が付与される。このボーナスに関して，下記の要領で，各選手には試合毎に係数が付与され，シーズン終了後，蓄積した係数に応じて分けられる。

リーグ戦1試合での状況	試合毎の係数
先発出場	1
途中出場	0.5
ベンチ入りのみ	0.25
ベンチ外	0

カップ戦ボーナス	カップ戦の試合で勝利した場合，試合毎に設定された勝利ボーナスが付与される。

EFLトロフィー	EFLカップ	FAカップ	
試合に勝った場合，審判に提出したチームシート記載の選手に対して，正味入場料収入の5％が付与される。再試合で勝った場合，両試合の正味入場料収入の5％が付与される。	試合に勝った場合，審判に提出したチームシート記載の選手に対して，正味入場料収入の5％が付与される。再試合で勝った場合，両試合の正味入場料収入の5％が付与される。	1回戦	£200
		2回戦	£300
		3回戦	£600
		4回戦	£1,000
		5回戦	£2,000
		6回戦	£3,000
		準決勝	£5,000
		優勝	£12,000
		準決負け	£2,500
		決勝負け	£7,000

EFLトロフィー1試合での状況	試合毎の係数
先発出場	1
途中出場	0.5
ベンチ入りのみ	0.25
ベンチ外	0

EFLカップ1試合での状況	試合毎の係数
先発出場	1
途中出場	0.5
ベンチ入りのみ	0.25
ベンチ外	0

FAカップ1試合での状況	試合毎の係数
先発出場	1
途中出場	1
ベンチ入りのみ	0.25
ベンチ外	0

（出所）第15回調査におけるBrown氏の提供資料を基に筆者作成（金額は仮設）。

Ⅲ 100項目を超えるKPIの継続

　KPIに関して，ビデオアナリストのBond氏によれば，「100項目を超える KPIについて，2016/17シーズンも変更はない」（第12回調査より）ということであった。

Ⅳ 練習でのデータ活用の強化

　スポーツ科学主任（Lead Sport Scientist）のScott Daly氏は，次のようにコメントした。

　　「練習時に，選手に計測機器を装着してもらうことにより，選手の脈拍や走行距離などを計測することが可能となり，即時にデータをPCに送信して管理することが可能となった。」（第9回調査より）

　写真5-2は，練習中に送信されたデータをPCで閲覧しているスポーツ科学者の様子である。

写真5-2　練習時にPCでデータを管理するスポーツ科学者

（出所）第9回調査で筆者撮影。右側はスポーツ科学主任のDaly氏，左側はスポーツ科学者のLiam
　　　 McWhirter氏。

　また，選手であるChris Maguire氏は，次のようにコメントした。

　　　「以前はそうではなかったが，現在は練習中も試合中も，GPS機器を
　　取り付けたインナーシャツを着るようになった。」（第11回調査より）

　写真5-3はGPS機器の様子，写真5-4はGPS機器を取り付けたインナーシャ
ツを着用した選手の様子である。専用のインナーシャツに小型のGPS機器を
取り付けて着用していた。

写真5-3　GPS機器の様子

（出所）第11回調査で筆者撮影。

写真5-4　GPS機器を取り付けたインナーシャツを着用したMaguire氏

（出所）第11回調査で筆者撮影。

　2014/15シーズンに行った第5回調査では，ビデオアナリストのBond氏によれば，「（試合後に）ビデオ映像を観て，位置マップを集計している」ということであったが，GPS機器が導入されたことにより，現在ではそのようなデータも瞬時に把握できるように変わっていた。

V ユニット別の定量的行動目標

　第10回調査により，ドレッシング・ルーム内におけるポジション別/個人別の行動目標（定性的）の掲示が，今シーズンもないことを確認した。写真5-5は，2016年8月24日の試合当日のドレッシング・ルームの様子である。

写真5-5　2016/17シーズンにおける試合当日のドレッシング・ルームの様子

（出所）第10回調査で筆者撮影。

　Bond氏によれば，「ユニット別の定量的行動目標を，今シーズンも継続することとなった」（第12回調査より）ということであった。

VI 罰金制度

　第9回調査により，練習場のクラブハウス内に，2016/17シーズンの罰金
一覧表が掲示されているのを確認した。写真5-6は，2016/17シーズンの罰金
一覧表である。

写真5-6　2016/17シーズンの罰金一覧表

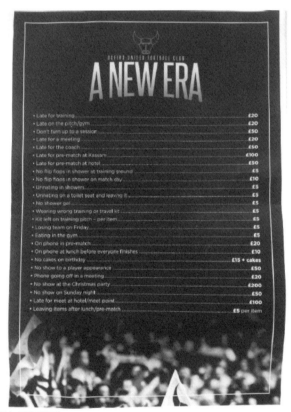

（出所）第9回調査で筆者撮影。

以下，25項目が示されていた。

・練習に遅刻してはならない	£20
・ピッチ練習およびジムトレーニングに遅刻してはならない	£20
・会合に出席しなければならない	£50
・ミーティングに遅刻してはならない	£20
・遠征バスに遅刻してはならない	£50
・ホームスタジアムでの練習試合に遅刻してはならない	£100
・遠征先での練習試合に遅刻してはならない	£50
・練習場でのシャワー時にサンダルを履かなければならない	£5
・試合でのシャワー時にサンダルを履かなければならない	£10
・シャワー中に放尿してはならない	£5
・トイレの便座に尿を付けたまま放置してはならない	£5
・シャワー・ジェルを忘れてはならない	£5
・練習着や遠征着を間違ってはならない	£5
・練習場に衣類を放置してはならない	各£5
・試合前日の紅白に分かれた練習試合での敗者チーム	£5
・ジム内で飲食してはならない	£5
・練習試合中に通話してはならない	£20
・昼食時に皆が食べ終わる前に通話してはならない	£10
・誕生日には皆に振る舞うケーキを用意しなければならない	£15＋ケーキ
・選手が出演すべき行事には出席しなければならない	£50
・ミーティング中には携帯電話をオフにしなければならない	£20
・クリスマス・パーティーには出席しなければならない	£200
・日曜日の夜のパーティーには出席しなければならない	£50
・ホテルや待ち合わせ場所に遅刻してはならない	£100
・昼食や練習試合の後で食器類等を放置してはならない	各£5

Ⅶ チーム成績

　2016/17シーズンの結果をまとめると図表5-8の通りであった。

　FAカップは，１・２回戦は実質６部以下のクラブとNL（実質５部）所属のクラブに勝利し，３回戦でもFLC（実質２部）所属のRotherham Unitedに勝利し，４回戦でもFLC所属のNewcastle Unitedに勝利したが，５回戦でPL（実質１部）所属のMiddlesbroughに敗れた。また，EFLカップは，１回戦でFLC所属のBirmingham Cityに勝利したものの，２回戦でFLC所属のBrighton & Hove Albionと対戦して敗れた。一方で，EFLトロフィーでは，２シーズン連続で大健闘して決勝まで勝ち進んだものの，FL1（実質３部）所属のCoventry Cityと対戦して１対２で惜敗し，再び準優勝となった。

図表5-8　2016/17シーズンのチーム成績

Sky Bet League One（FL1）	8位 46試合20勝9分17敗，勝ち点69
The Emirates FA Cup（FAカップ）	5回戦敗退 1回戦（A）Merstham戦，5対0で勝ち 2回戦（A）Macclesfield Town（NL所属）戦，0対0で引き分け 2回戦再試合（H）Macclesfield Town戦，3対0で勝ち 3回戦（A）Rotherham United（FLC所属）戦，3対2で勝ち 4回戦（H）Newcastle United（FLC）戦，3対0で勝ち 5回戦（A）Middlesbrough（PL所属）戦，2対3で負け
EFL Cup（EFLカップ）	2回戦敗退 1回戦（A）Birmingham City（FLC所属）戦，1対0で勝ち 2回戦（H）Brighton & Hove Albion（FLC所属）戦，2対4で負け
Checkatrade Trophy（EFLトロフィー）	準優勝 南C組リーグ戦（H）Exeter City（FL2所属）戦，4対2で勝ち 南C組リーグ戦（A）Swindon Town（FL1所属）戦，0対0で引き分け 南C組リーグ戦（A）Chelsea U-21戦，1対1で引き分け 南2回戦（A）Southend United（FL1所属）戦，1対1，延長の末，PK戦4-3で勝ち 3回戦（H）Scunthorpe United（FL1所属）戦，4対1で勝ち 準々決勝（H）Bradford City（FL1所属）戦，2対1で勝ち 準決勝（A）Luton Town（FL2所属）戦，3対2で勝ち 決勝（N）Coventry City（FL1所属）戦，1対2で負け

（出所）Anderson［2017］を基に筆者作成。

以下，リーグ戦の結果について詳しくみていく。

　図表5-9は，2016/17シーズンのリーグ戦結果である。FL1に昇格して初めてのシーズンであり，監督就任3年目を迎えたAppleton氏が通年で指揮を執った。

　リーグ戦の最終順位は8位で，惜しくもプレイオフ出場は逃してしまったものの，ともに昇格した4クラブの中では最も良い成績であった。

図表5-9　2016/17シーズンのリーグ戦結果

サイクル	ブロック	節	日付	会場	対戦相手	結果		暫定順位	来場者数
1	1	1	6-Aug	H	Chesterfield	D	1-1	13	8,679
		2	14-Aug	A	Bristol Rovers	L	1-2	17	10,053
		3	17-Aug	A	Fleetwood Town	L	0-2	21	2,614
		4	20-Aug	H	Peterborough United	W	2-1	19	7,500
		5	27-Aug	A	Sheffield United	L	1-2	18	19,313
	2	6	3-Sep	H	Rochdale	W	1-0	14	6,939
		7	10-Sep	H	Swindon Town	W	2-0	11	11,042
		8	17-Sep	A	Milton Keynes Dons	D	0-0	12	12,340
		9	24-Sep	H	Charlton Athletic	D	1-1	13	8,847
		10	27-Sep	A	Southend United	L	1-2	16	5,593
	3	11	1-Oct	A	Bolton Wanderers	W	2-0	10	14,207
		12	9-Oct	H	AFC Wimbledon	L	1-3	13	7,742
		13	15-Oct	H	Bradford City	W	1-0	10	8,245
		14	18-Oct	A	Coventry City	L	1-2	13	9,912
		15	22-Oct	A	Port Vale	D	2-2	14	4,837
2	1	16	29-Oct	H	Millwall	L	1-2	17	7,944
		17	12-Nov	A	Shrewsbury Town	L	0-2	20	5,491
		18	19-Nov	H	Coventry City	W	4-1	16	9,199
		19	22-Nov	H	Gillingham	W	1-0	14	6,848
		20	26-Nov	A	Scunthorpe United	D	1-1	14	4,338
	2	21	10-Dec	H	Oldham Athletic	D	1-1	14	7,430
		22	17-Dec	A	Bury	W	3-2	10	2,986
		23	26-Dec	H	Northampton Town	L	0-1	14	11,790
		24	31-Dec	H	Walsall	D	0-0	13	8,340
		25	2-Jan	A	Gillingham	W	1-0	12	6,414

		28	14-Jan	A	AFC Wimbledon	L	1-2	13	4,808
		26	21-Jan	A	Rochdale	W	0-4	12	3,246
	3	27	5-Feb	A	Swindon Town	W	2-1	13	10,658
		30	11-Feb	H	Milton Keynes Dons	W	1-0	11	9,179
		32	14-Feb	H	Southend United	L	0-2	11	7,277
		29	21-Feb	A	Charlton Athletic	W	1-0	10	9,109
		31	25-Feb	A	Chesterfield	W	4-0	9	5,901
	1	33	4-Mar	H	Bristol Rovers	L	0-2	10	9,862
		34	7-Mar	H	Sheffield United	L	2-3	11	8,965
		35	11-Mar	A	Peterborough United	W	2-1	10	5,469
		36	14-Mar	A	Oldham Athletic	L	1-2	10	3,124
		38	18-Mar	H	Scunthorpe United	W	2-1	9	7,652
3	2	39	21-Mar	H	Bolton Wanderers	L	2-4	9	7,146
		40	25-Mar	A	Northampton Town	D	0-0	10	7,434
		37	28-Mar	H	Bury	W	5-1	8	6,552
		41	5-Apr	H	Fleetwood Town	L	1-3	10	6,728
		42	8-Apr	A	Walsall	D	1-1	10	5,417
	3	43	14-Apr	A	Bradford City	L	0-1	10	19,346
		44	17-Apr	H	Port Vale	W	2-0	10	7,646
		45	22-Apr	A	Millwall	W	3-0	9	12,533
	α	46	30-Apr	H	Shrewsbury Town	W	2-0	8	9,287

（出所）第9回調査におけるCastle氏のコメントとAnderson［2017］を基に筆者作成。

　図表5-10は，2016/17シーズンにおける個人ボーナス付与の条件と結果を整理したものである。結果として，リーグ戦では，昇格してリーグのレベルが上がったにもかかわらず，ブロック・ボーナスを4回獲得した。カップ戦でも，すべてのカップ戦で勝利を収め，準優勝まで進出したカップ戦もあり，入場料収入ボーナスや回戦別に規定されたボーナスを獲得した。

図表5-10　2016/17シーズンにおける個人ボーナス付与の条件と結果

シーズン	条件	結果
2016/17	チームが5試合毎に勝ち点8以上を獲得できれば，貢献度に応じて，選手にはボーナスが付与される	9回中4回達成できた
	チームがシーズンでリーグ6位以内であれば，貢献度に応じて，選手にはボーナスが付与される	達成できなかった（FL1：8位）
	チームがカップ戦で勝利すれば，貢献度に応じて，選手にはボーナスが付与される	FAカップ：4試合勝利（5回戦敗退） EFLカップ：1試合勝利（2回戦敗退） EFLトロフィー：5試合勝利（準優勝）

（出所）第15回調査におけるBrown氏の提供資料とAnderson［2017］を基に筆者作成。

第6章

考察

Ⅰ MCSの体系性と変化

1. 成果コントロール

(1) 個人成績（KPI）に基づく報酬決定（基本給）

　Merchant and Van der Stede［2012］のフレームワークにおいて，成果コントロールは，個人成績に基づく報酬決定を指している。これに関してOUFCでは，個人成績はKPIと試合出場に関連付けたボーナス配分係数という形で測定されており，いずれも客観的に測定可能な尺度であった。

　まず，個人成績としてのKPIは，報酬のうち基本給のみと関連付けられていた。その関係は，2013/14シーズン以降，図表6-1のように変遷してきた。Appleton氏が監督に就任した2014/15シーズン以降の3シーズンは，この関係性に変化はなかった。

図表6-1　個人成績に基づく報酬決定の変遷

シーズン	条件	備考
2013/14 (FL2)	数項目のKPIに基づく基本給査定	
2014/15 (FL2)	100項目を超えるKPIに基づく基本給査定	監督が代わり，新監督の指示で項目数が大幅に増えた
2015/16 (FL2)	100項目を超えるKPIに基づく基本給査定	前シーズンと変更なし
2016/17 (FL1)	100項目を超えるKPIに基づく基本給査定	前シーズンと変更なし

（出所）数回にわたるインタビュー調査に基づき筆者作成。

⑵ 試合への貢献度（係数）に基づく報酬配分（ボーナス）

　また，OUFCでは，試合出場に関連付けて貢献度を評価し，それをボーナスの配分係数として反映しており，これも成果コントロールとして位置づけられる。係数という形で尺度のウェイト付けを明示することにより，求められる貢献度を明確に伝達していた。

　リーグ戦における試合への貢献度（係数）に基づくボーナス配分の変遷は，図表6-2の通りであった。

図表6-2　試合への貢献度（係数）に基づくボーナス配分の変遷（リーグ戦ボーナス）

シーズン	条件	ボーナス配分の係数	結果
2013/14 （FL2）	• 最終順位が1～3位：£65,000 • 最終順位が4～7位：£45,000 （チームへ一旦付与：総額固定，配分額変動）	先発出場：1 途中出場：0.5 ベンチ入りのみ：0.25 ベンチ外：0	達成できなかった（FL2：8位）
2014/15 （FL2）	• 5試合進捗する毎に暫定1～3位：勝ち点1当たり£200 • 5試合進捗する毎に暫定4～7位：勝ち点1当たり£150 （チームへ一旦付与：総額変動，配分額変動）	先発出場：1 途中出場：1 ベンチ入りのみ：0.25 ベンチ外：0	9回中1度も達成できなかった
2015/16 （FL2）	• ブロック（5試合）で勝ち点8～13：勝ち点1当たり£50 （個別に付与：総額変動，配分額固定） • ブロック（5試合）で勝ち点15：£1,500 （個別に付与：総額固定，配分額固定）	先発出場：1 途中出場：0.5 ベンチ入りのみ：0 ベンチ外：0	9回中8回達成できたが，ブロック（5試合）で勝ち点15は達成できなかった
2016/17 （FL1）	• ブロック（5試合）で勝ち点8～15：勝ち点が増える度に勝ち点1当たりの単価は逓増（個別に付与：総額変動，配分額固定）	先発出場：1 途中出場：0.5 ベンチ入りのみ：0 ベンチ外：0	9回中4回達成できた

（出所）第15回調査におけるBrown氏の提供資料とAnderson［2014; 2015; 2016; 2017］，OUFC［2015a］を基に筆者作成（金額は仮設）。

ボーナス配分の係数は，2013/14シーズンは先発出場1，途中出場0.5，ベンチ入りのみは0.25であったが，2014/15シーズンは途中出場も0.5から1に増えた。しかしながら2015/16シーズンからは途中出場は1から再び0.5に減り，ベンチ入りのみは0.25から0に減った。このように配分係数を変更したことの効果について，2015/16シーズンに主将を務めたWright氏は，次のようにコメントした。

　　　「先発出場選手や途中出場選手，ベンチ入りのみの選手，ベンチ外の選手とで報酬配分の係数が異なれば，レギュラー選手と控え選手の間，かつ，控え選手同士のライバル関係が濃くなる傾向にあり，先発出場選手も途中出場選手も報酬配分の係数が同じとなれば，レギュラー選手と控え選手のライバル関係が薄れて，協調性が高まる傾向にあった。」（第8回調査より）

　Wright氏のコメントに基づくと，配分係数が，2015/16シーズンから「途中出場は1から再び0.5に減り，ベンチ入りのみは0.25から0に減った」変化は，2014/15シーズンに一旦高まっていた協調性を乱すものとなったようにみえるが，そうではない。

　なぜならば，条件を満たした場合の報酬の付与方法は，2013/14シーズンと2014/15シーズンは総額がチームに一旦プールされた後，個々の累積係数に基づいて配分される仕組みであったので，全試合先発出場した選手が受け取る報酬は，途中出場選手やベンチ入りのみの選手の係数によって影響を受ける仕組みであった。これに対して，2015/16シーズンと2016/17シーズンは，勝ち点1点当たりの金額を基準とし，選手個々の貢献度係数に基づいて付与される仕組みとなったので，全試合先発出場した選手が受け取る報酬は，途中出場選手の有無には影響を受けなくなったのである。これは，各選手に

とっては，ボーナス配分における「管理可能性」と「公平性」が高まったことを意味している。

　シーズン・ボーナスにおける試合への貢献度（係数）に基づく報酬配分の変遷は，図表6-3のようであった。

図表6-3　試合への貢献度（係数）に基づくボーナス配分の変遷（シーズン・ボーナス）

シーズン	条件	ボーナス配分の係数	結果
2013/14 （FL2）	リーグ優勝：£60,000 リーグ2位：£60,000 リーグ3位：£60,000 プレイオフ優勝：£60,000 プレイオフ準優勝：£20,000 （チームへ一旦付与：総額固定，配分額変動）	先発出場：1 途中出場：0.5 ベンチ入りのみ：0.25 ベンチ外：0	達成できなかった （FL2：8位）
2014/15 （FL2）	リーグ優勝：£250,000 リーグ2位：£225,000 リーグ3位：£200,000 プレイオフ優勝：£200,000 プレイオフ準優勝：£100,000 プレイオフ準決勝敗退：£50,000 （チームへ一旦付与：総額固定，配分額変動）	先発出場：1 途中出場：0.5 ベンチ入りのみ：0.25 ベンチ外：0	達成できなかった （FL2：13位）
2015/16 （FL2）	リーグ優勝：£250,000 リーグ2位：£150,000 リーグ3位：£150,000 プレイオフ優勝：£150,000 （チームへ一旦付与：総額固定，配分額変動）	先発出場：1 途中出場：0.5 ベンチ入りのみ：0.25 ベンチ外：0	達成できた （FL2：2位で自動昇格）
2016/17 （FL1）	リーグ優勝：£1,000,000 リーグ2位：£1,000,000 プレイオフ優勝：£1,000,000 プレイオフ敗退：£100,000 （チームへ一旦付与：総額固定，配分額変動）	先発出場：1 途中出場：0.5 ベンチ入りのみ：0.25 ベンチ外：0	達成できなかった （FL1：8位）

（出所）第15回調査におけるBrown氏の提供資料とAnderson［2014；2015；2016；2017］，OUFC［2015a］を基に筆者作成（金額は仮設）。

シーズン・ボーナスの総額は，2015/16シーズンの一部を除いて増額し続けているものの，条件を満たした場合の付与方法は，一貫して，総額がチームに一旦プールされた後，個々の累積係数に基づいて配分されていた。報酬配分の係数も，一貫して，先発出場1，途中出場0.5，ベンチ入りのみ0.25，に設定されていた。シーズン・ボーナスでは，配分係数を一貫させる形で，「理解容易性」が保たれていた。

カップ戦ボーナスにおける試合への貢献度（係数）に基づく報酬配分の変遷は，図表6-4のようであった。

図表6-4　試合への貢献度（係数）に基づく報酬配分の変遷（カップ戦ボーナス）

シーズン	条件	報酬配分の係数	結果
2013/14 （FL2）	<各カップ戦> • 勝利：入場料収入の10% • 上部リーグのチームに勝利：入場料収入の20% 　（チームへ一旦付与：総額未定，配分額変動）	先発出場：1 途中出場：0.5 ベンチ入りのみ：0.25 ベンチ外：0	• FAカップ：2回勝利（3回戦敗退） • リーグ・カップ：未勝利（1回戦敗退） • FLトロフィー：未勝利（南地区2回戦敗退）
2014/15 （FL2）	<各カップ戦> • 勝利：各回戦別にあらかじめ設定 　（個別に付与：総額固定，配分額固定）	先発出場：1 途中出場：1 ベンチ入りのみ：0.25 ベンチ外：0	• FAカップ：1回勝利（2回戦敗退） • リーグ・カップ：1回勝利（2回戦敗退） • FLトロフィー：未勝利（南地区1回戦敗退）
2015/16 （FL2）	<各カップ戦> • 勝利：各回戦別にあらかじめ設定 　（個別に付与：総額固定，配分額固定）	先発出場：1 途中出場：1 ベンチ入りのみ：0.25 ベンチ外：0	• FAカップ：3回勝利（4回戦敗退） • リーグ・カップ：1回勝利（2回戦敗退） • FLトロフィー：4回勝利（準優勝）

| 2016/17
（FL1） | ＜FAカップ＞
・勝利：各回戦別にあら
　かじめ設定
　（個別に付与：総額固
　定，配分額固定） | ＜FAカップ＞
先発出場：1
途中出場：1
ベンチ入りのみ：0.25
ベンチ外：0 | ・FAカップ：4回勝利
　（5回戦敗退） |
| | ＜EFLカップと
EFLトロフィー＞
・勝利：入場料収入の
　5％
　（チームへ一旦付与：
　総額未定，配分額変動） | ＜EFLカップと
EFLトロフィー＞
先発出場：1
途中出場：0.5
ベンチ入りのみ：0.25
ベンチ外：0 | ・EFLカップ：1回勝利
　（2回戦敗退）
・EFLトロフィー：5回
　勝利（準優勝） |

（出所）第15回調査におけるBrown氏の提供資料とAnderson［2014；2015；2016；2017］，OUFC
［2015a］を基に筆者作成。

　FAカップにおける報酬配分の係数は，2013/14シーズンは先発出場1，途中出場0.5，ベンチ入りのみは0.25であったが，2014/15シーズン以降は途中出場も0.5から1に増えた。また，条件を満たした場合の報酬の付与方法は，2013/14シーズンは総額がチームに一旦プールされた後，個々の累積係数に基づいて配分される仕組みであったが，2015/16シーズン以降は，選手個々の係数に基づいて直接付与される仕組みとなった。

　図表6-5は，2014/15シーズン以降のFAカップの回戦別のボーナス設定額であり，2016/17シーズンからは3回戦から6回戦まで，回戦別のボーナス額が増額されたことが分かる。

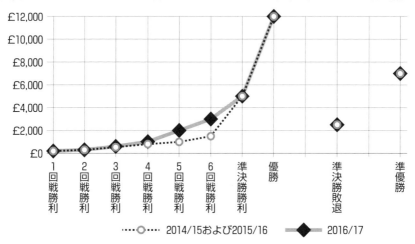

£12,000
£10,000
£8,000
£6,000
£4,000
£2,000
£0

1回戦勝利　2回戦勝利　3回戦勝利　4回戦勝利　5回戦勝利　6回戦勝利　準決勝勝利　優勝　準決勝敗退　準優勝

┈┈○┈┈ 2014/15および2015/16　◆ 2016/17

（出所）第15回調査におけるBrown氏の提供資料を基に筆者作成（金額は仮設）。

　図表6-6は，図表6-5を基に，2014/15シーズン以降のFAカップの回戦別の
ボーナス累計額を示したものであり，インセンティブ強度がより強められた
ことが分かる。

図表6-6　2014/15シーズン以降のFAカップにおける回戦別のボーナス累計額

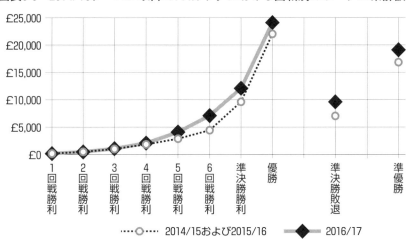

（出所）第15回調査におけるBrown氏の提供資料を基に筆者作成（金額は仮設）。

　一方，EFLカップ（2015/16シーズン以前の名称はリーグ・カップ）と
EFLトロフィー（2015/16シーズン以前の名称はFLトロフィー）において，
2013/14シーズンは，報酬配分の係数は先発出場1，途中出場0.5，ベンチ入
りのみは0.25で，条件を満たした場合の報酬の付与方法は総額がチームに一
旦プールされた後，個々の累積係数に基づいて配分される仕組みであったが，
2014/15シーズンと2015/16シーズンは，報酬配分の係数は途中出場も0.5か
ら1に増え，条件を満たした場合の報酬の付与方法は個別の係数に基づいて
直接付与される仕組みとなった。ここまではFAカップにおける変遷と同一
であった。
　しかしながら，2016/17シーズンは，報酬配分の係数は途中出場は1から
0.5に減り，条件を満たした場合の報酬の付与方法は総額がチームにプール
された後，個々の累積係数に基づいて配分される仕組みとなった。すなわち，
2013/14シーズンの仕組みに戻されたわけである。かつ，2013/14シーズンの

報酬額は「入場料収入の10％（上部リーグのチームに勝利した場合は入場料収入の20％）」であったが，2016/17シーズンの報酬額は「入場料収入の５％」となった。つまり，EFLカップとEFLトロフィーについては，2016/17シーズンはむしろインセンティブ強度が弱められたのである。

　リーグ戦の来場者数ボーナスにおける試合への貢献度（係数）に基づく報酬配分は，図表6-7のように，2014/15シーズンのみ行われた。

図表6-7　試合への貢献度（係数）に基づく報酬配分の変遷（来場者数ボーナス）

シーズン	条件	報酬配分の係数	結果
2014/15 (FL2)	ホーム開催のリーグ戦でホーム側の来場者数が5,750名以上：£100（個別に付与：総額固定，配分額固定）	先発出場：1 途中出場：1 ベンチ入りのみ：0.25 ベンチ外：0	23試合中９回達成できた

（出所）第15回調査におけるBrown氏の提供資料とOUFC［2015a］を基に筆者作成（金額は仮設）。

　報酬配分の係数は，先発出場１，途中出場１，ベンチ入りのみは0.25に設定されたが，他のボーナスと異なる点は，他が試合で勝つことを条件としていたのに対し，当該ボーナスは，試合結果とは直接的には無関係な来場者数が条件となっていた点である。しかし，試合で勝てば次の試合の来場者数の増加が期待できるという点では間接的には関係があり，途中出場でも貢献度を高く評価することで，動機づけようとしていた。

　以上をまとめると，リーグ戦においては，先発出場選手と途中出場選手がお互いに影響を受けない，すなわち「管理可能性」と「公平性」が高まるように改善されていた。カップ戦においては，シーズン毎の組織全体の目標と整合させるために，チームとして相対的に重視しているカップ戦は「インセンティブ強度」を高め，チームとして相対的に重視していないカップ戦はむしろ「インセンティブ強度」を下げていた。

　以上のように，Merchant and Van der Stede［2012］のフレームワークに当てはめると，成果コントロールのために客観的な尺度を設定して報酬と結び付け，成果コントロールの効果を高めるために，組織全体の目標との整合性，管理可能性，公平性，インセンティブ強度などを，それぞれ高めるように改善していったといえる。

2. 行動コントロール

⑴　行動目標の設定（ポジション別・ユニット別）（定性的・定量的）

　行動目標の設定は，Merchant and Van der Stede［2012］のフレームワークに当てはめると，行動コントロールに分類される。行動目標は，2014/15シーズン以降，図表6-8のように変遷してきた。Appleton氏が監督に就任以来，一時は，ポジション別/個人別の定性的行動目標を採用して，ドレッシング・ルームに掲示していた。しかし効果がなかったと判断し，複数ポジションから構成されるユニット別の定量的行動目標に変更されたが，これは効果が得られたと判断され，2015/16シーズン以降の2シーズンも継続されていた。つまり，ユニット別の定量的な行動目標に変更することによって目標の「客観性」を高めるとともに，ユニットレベルでの責任にすることで，相互圧力による「文化コントロール」としての効果も期待したと理解できる。

図表6-8　行動目標の設定の変遷

シーズン	行動目標の特徴	備考
2014/15 (FL2)	ポジション別/個人別の定性的な目標	監督が代わり，新監督の指示により設定された
2015/16 (FL2)	ユニット別の定量的な目標	前シーズンであまり効果が得られなかったので，監督の指示により変更された
2016/17 (FL1)	ユニット別の定量的な目標	前シーズンと変更なし

（出所）数回にわたるインタビュー調査に基づき筆者作成。

⑵　練習での事前行動レビュー（定量的）と人間考察（定性的）

　練習での事前行動レビューは，Merchant and Van der Stede［2012］のフレームワークに当てはめると，行動コントロールに分類される。2013/14シーズンからずっとチームに帯同しているBond氏は，次のようにコメントした。

> 「2013/14シーズンから2016/17シーズンに至るまで，計４名の監督や暫定監督が指揮を執ったが，対戦相手毎の対戦前分析資料を作成し，監督やコーチング・スタッフ，選手とで対戦相手の弱点や長所の情報を共有し，対策を練って反復練習を行い，試合当日に備えるというルーティーンは変わらなかった。」（第14回調査より）

　行動コントロールにおける「望ましい行動の知識」として，詳細な対戦前分析資料が作成されていた。その上で，試合後のビデオ分析によるKPI測定だけでなく，2016/17シーズンでは，練習で計測機器やGPS機器による自動測定を採用するなど，「望ましい行動をとらせる能力」を高めることによって，より正確性があり客観的で適時的な行動コントロールが実現されていた。

　一方で，人間考察のような定性的な行動コントロールも決して軽視されて

はおらず，バランスをとりながら行動コントロールの効果を高めようとしていた。

3. 文化コントロール

⑴ 行動規範（組織シンボル）の設定

　2015/16シーズンに選手側からの発案により行動規範（組織シンボル）が設定され，2016/17シーズンも掲げられていた。このような行動規範（組織シンボル）の設定は，Merchant and Van der Stede［2012］のフレームワークに当てはめると，文化コントロールに分類される。

⑵ 罰金制度

　数シーズンにわたって，さまざまな種類の罰金制度が運用されていた。「練習に遅刻してはならない」や「ミーティング中に通話してはならない」，「食事で使った食器は片づける」など，罰金対象の項目は一般常識的なものばかりであり，日常的な規律付けが重視されていた。このような罰金制度は，Merchant and Van der Stede［2012］に基づくと，文化コントロールに位置づけられる。

⑶ チーム成績（順位・勝ち点・回戦）に基づく報酬決定（ボーナス）

　集団成績に関連付けて報酬を決定するインセンティブ・システムは，Merchant and Van der Stede［2012］に基づくと，文化コントロールに位置づけられる。図表6-9は，リーグ戦におけるチーム成績（順位・勝ち点）に基づく報酬決定の変遷である。

図表6-9　チーム成績（順位・勝ち点）に基づく報酬決定の変遷（リーグ戦ボーナス）

シーズン	条件	結果
2013/14 （FL2）	• 最終順位が１〜３位：£65,000 • 最終順位が４〜７位：£45,000 　（チームへ一旦付与：総額固定）	達成できなかった （FL2：8位）
2014/15 （FL2）	• 5試合進捗する毎に暫定１〜３位：勝ち点１ 　当たり£200 • 5試合進捗する毎に暫定４〜７位：勝ち点１ 　当たり£150 　（チームへ一旦付与：総額変動）	9回中一度も達成できな かった
2015/16 （FL2）	• ブロック（5試合）で勝ち点８〜13：勝ち点 　１当たり£50（個別に付与：総額変動） • ブロック（5試合）で勝ち点15：£1,500 　（個別に付与：総額固定）	ブロック（5試合）で勝 ち点８〜13は9回中8回 達成できたが，勝ち点15 は一度も達成できなかっ た
2016/17 （FL1）	• ブロック（5試合）で勝ち点８〜15：勝ち点 　が増える度に勝ち点１当たりの単価は逓増 　（個別に付与：総額変動）	9回中4回達成できた

（出所）第15回調査におけるBrown氏の提供資料とAnderson［2014; 2015; 2016; 2017］，OUFC
［2015a］を基に筆者作成（金額は仮設）。

　2013/14シーズンは，チームのシーズンの最終成績に基づいていたが，
2014/15シーズンは，チームの5試合進捗毎の暫定順位に基づくものとなり，
査定のサイクルがより短期化され，「適時性」がより高められていた。さらに，
2015/16シーズンは，5試合毎の評価というサイクルを維持しながら，その
時点までの累積成績ではなく，当該5試合のみの独立した成績で評価する仕
組みに変更されており，「管理可能性」がより高められていた。2016/17シー
ズンも，前シーズンの報酬決定システムが維持されたが，勝ち点当たりの単
価が「逓増」方式に変更されており，「インセンティブ強度」がより高めら
れた。報酬決定の条件も，2013/14シーズンの最終順位や，2014/15シーズン
の暫定順位という「相対的」な尺度から，2015/16シーズン以降は，勝ち点
という「絶対的」な尺度へと変更されており，これは「管理可能性」が高ま
るように作用したといえる。

　以上のように，リーグ戦ボーナスにおけるチーム成績（順位・勝ち点）に基づく報酬決定は，Merchant and Van der Stede［2012］のフレームワークに当てはめると，相互の圧力でチームワークを促すために，チーム成績という集団成果に基づいて報酬を決定する文化コントロールとなっていた。そして，文化コントロールの効果を高めるように，適時性，管理可能性，インセンティブ強度を，それぞれ高めるように変遷していった。

　図表6-10は，シーズン・ボーナスにおけるチーム成績（順位）に基づく報酬決定の変遷である。

図表6-10　チーム成績（順位）に基づく報酬決定の変遷（シーズン・ボーナス）

シーズン	条件	結果
2013/14 （FL2）	リーグ優勝：£60,000 リーグ2位：£60,000 リーグ3位：£60,000 プレイオフ優勝：£60,000 プレイオフ準優勝：£20,000 （チームへ一旦付与：総額固定）	達成できなかった （FL2：8位）
2014/15 （FL2）	リーグ優勝：£250,000 リーグ2位：£225,000 リーグ3位：£200,000 プレイオフ優勝：£200,000 プレイオフ準優勝：£100,000 プレイオフ準決勝敗退：£50,000 （チームへ一旦付与：総額固定）	達成できなかった （FL2：13位）
2015/16 （FL2）	リーグ優勝：£250,000 リーグ2位：£150,000 リーグ3位：£150,000 プレイオフ優勝：£150,000 （チームへ一旦付与：総額固定）	達成できた （FL2：2位で自動昇格）
2016/17 （FL1）	リーグ優勝：£1,000,000 リーグ2位：£1,000,000 プレイオフ優勝：£1,000,000 プレイオフ敗退：£100,000 （チームへ一旦付与：総額固定）	達成できなかった （FL1：8位）

（出所）第15回調査におけるBrown氏の提供資料とAnderson［2014；2015；2016；2017］，OUFC［2015a］を基に筆者作成（金額は仮設）。

シーズン・ボーナスは，チームの最終順位という集団成績に基づいて決定される文化コントロールとなっており，目標順位には複数シーズンを通して一貫性が保たれながら，シーズンを追う毎に「インセンティブ強度」が高められていた。

図表6-11は，カップ戦ボーナスにおけるチーム成績（回戦）に基づく報酬決定の変遷である。

図表6-11　チーム成績（回戦）に基づく報酬決定の変遷（カップ戦ボーナス）

シーズン	条件	結果
2013/14 （FL2）	＜各カップ戦＞ • 勝利：入場料収入の10％ • 上部リーグのチームに勝利：入場料収入の20％ （チームへ一旦付与：総額未定）	• FAカップ：2回勝利（3回戦敗退） • リーグ・カップ：未勝利（1回戦敗退） • FLトロフィー：未勝利（南地区2回戦敗退）
2014/15 （FL2）	＜各カップ戦＞ • 勝利：各回戦別にあらかじめ設定 （個別に付与：総額固定）	• FAカップ：1回勝利（2回戦敗退） • リーグ・カップ：1回勝利（2回戦敗退） • FLトロフィー：未勝利（南地区1回戦敗退）
2015/16 （FL2）	＜各カップ戦＞ • 勝利：各回戦別にあらかじめ設定 （個別に付与：総額固定）	• FAカップ：3回勝利（4回戦敗退） • リーグ・カップ：1回勝利（2回戦敗退） • FLトロフィー：4回勝利（準優勝）
2016/17 （FL1）	＜FAカップ＞ • 勝利：各回戦別にあらかじめ設定 （個別に付与：総額固定） ＜EFLカップとEFLトロフィー＞ • 勝利：入場料収入の5％ （チームへ一旦付与：総額未定）	• FAカップ：4回勝利（5回戦敗退） • EFLカップ：1回勝利（2回戦敗退） • EFLトロフィー：5回勝利（準優勝）

（出所）第15回調査におけるBrown氏の提供資料とAnderson［2014; 2015; 2016; 2017］，Oxford United Football Club［2015a］を基に筆者作成（割合は仮設）。

2013/14シーズンは，カップ戦すべてで，勝利を収めた場合の報酬は，入場料収入の10％という方式で設定されていたが，2014/15シーズンと2015/16

シーズンは，カップ戦すべてで，各回戦別に，定額の報酬があらかじめ設定された。2016/17シーズンは，EFLカップとEFLトロフィーについては，再び入場料収入に基づく方式に戻されたが，2013/14シーズンよりも配分割合が低く設定された（5%）。つまり，シーズン毎に，組織が各カップ戦に置いている相対的な重要度の変化を反映させるように変更させていた。

図表6-12は，来場者数ボーナスにおける報酬決定である。

図表6-12　来場者数ボーナスの決定方法

シーズン	条件	結果
2014/15 （FL2）	ホーム開催のリーグ戦でホーム側の来場者数が5,750名以上：£100 （個別に付与：総額は固定）	23試合中9回達成できた

（出所）第15回調査におけるBrown氏の提供資料とOxford United Football Club［2015a］を基に筆者作成（金額は仮設）。

来場者数ボーナスは，直接的にはチーム成績とは結び付かないものの，チーム成績が良ければ来場者数も増える可能性が高く，間接的には関係付けられているといえる。それゆえ，Merchant and Van der Stede［2012］のフレームワークに当てはめると，文化コントロールの一手段になっていたといえる。

Ⅱ　インセンティブ・システム

インタビュー結果に基づくと，インセンティブ・システムの変化には，監督が強く影響を与えていたことが分かった。Castle氏のコメントに基づき，OUFCにおけるインセンティブ・システムの2015/16シーズンから2016/17シーズンへの変化を整理すると，次のようになる。

①図表6-13と図表6-14のように，勝ち点目標値は，過去シーズンの平均実績という「客観的」な根拠に基づいて，変更せずに維持された。一方で，シーズン目標は，FL2所属の2015/16シーズンはFL1昇格（FL2で最終順位3位以内による自動昇格，または，最終順位4〜7位が出場するプレイオフで優勝）であったが，レベルの上がったFL1所属の2016/17シーズンはプレイオフ出場（FL1で最終順位3〜6位）とされ，より「管理可能性」の高い目標へと変更された。

図表6-13　2015/16シーズンの勝ち点目標値

年月	2015年8月	2015年9月	2015年10月	2015年11月	2015年12月	2016年1月	2016年2月	2016年3月	2016年4月	2016年5月	合計
シーズン	2015/16シーズン										
サイクル	1			2			3				
ブロック	1	2	3	1	2	3	1	2	3	α	
試合数	5	5	5	5	5	5	5	5	5	1	46
勝ち点目標	8	8	8	8	8	8	8	8	8	3	75
勝ち点のストレッチ目標	27			27			27			3	84

（出所）第8回調査における撮影画像を基に筆者作成。

図表6-14　2016/17シーズンの勝ち点目標値

年月	2016年8月	2016年9月	2016年10月	2016年11月	2016年12月	2017年1月	2017年2月	2017年3月	2017年4月	2017年5月	合計
シーズン	2016/17シーズン										
サイクル	1			2			3				
ブロック	1	2	3	1	2	3	1	2	3	α	
試合数	5	5	5	5	5	5	5	5	5	1	46
勝ち点目標	8	8	8	8	8	8	8	8	8	3	75
勝ち点のストレッチ目標	27			27			27			3	84

（出所）第9回調査におけるCastle氏のコメントを基に筆者作成。

②ブロック・ボーナスは，単価×勝ち点で決まる。2015/16シーズンは，
£50×勝ち点8，£50×勝ち点9，£50×勝ち点10，・・・，£50×勝ち
点13のように，勝ち点1当たりの単価は一律£50で，勝ち点15の場合の
み単価は£100であったが，2016/17シーズンは，£75×勝ち点8，£80
×勝ち点9，£85×勝ち点10，£90×勝ち点11，£100×勝ち点12，£125
×勝ち点13，£150×勝ち点15となり，単価が「逓増」する仕組みとな
った。

　2015/16シーズンと2016/17シーズンのボーナス額の変動例を図示する
と，図表6-15となる。このように，ボーナス単価が逓増する仕組みに変
更されたことは，Merchant and Otley［2007］に基づくと，「インセン
ティブ強度」がより強化されたといえる。

図表6-15　1ブロックすべてに出場した選手のブロック・ボーナスの合計額の変動例

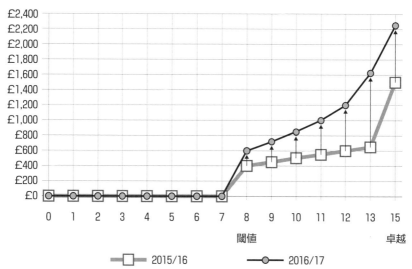

（出所）第9回調査におけるCastle氏のコメントと第15回調査におけるBrown氏の提供資料を基に筆
　　者作成（金額は仮設）。

③カップ戦で勝ち進んだことにより，リーグ戦が前倒しや延期となり，試合の開催順序が変わった場合，2015/16シーズンでは，ブロックの試合の括りは，当初の日程のまま変更せず，当該ブロックの試合結果が出ていないのに，次のブロックの試合に進まざるを得なかったが，2016/17シーズンは，ブロックの試合の括りを，試合が行われた順に変え，ブロックの結果が前から順に出るようになった。このように，ブロックの括りを試合消化順に柔軟に変更できるように仕組みを変更したことは，Merchant and Van der Stede［2012］に基づくと，測定の「適時性」が改善されたといえる。

④シーズン・ボーナスについて，図表6-16のように，2015/16シーズンは，リーグ優勝を果たせば£250,000，リーグ2位か3位による自動昇格，またはリーグ4～7位によるプレイオフでの優勝による昇格の場合は£150,000に設定されていたが，2016/17シーズンは，昇格を果たせば£1,000,000，昇格を果たせずともプレイオフに出場した場合は£100,000に設定され「増額」された。このように，集団報酬としてのシーズン・ボーナスが増額されたことは，Merchant and Van der Stede［2012］に基づくと，「インセンティブ強度」を強めることで，チームワームを促す効果をより高めようとしたといえる。

図表6-16　シーズン・ボーナスの設定額

2015/16シーズン（FL2）	ボーナス額	2016/17シーズン（FL1）	ボーナス額
リーグ優勝	£250,000	リーグ優勝	£1,000,000
リーグ2位 or 3位	£150,000	リーグ2位	£1,000,000
リーグ4～7位によるプレイオフで優勝	£150,000	リーグ3～6位によるプレイオフで優勝	£1,000,000
リーグ4～7位によるプレイオフで敗退	なし	リーグ3～6位によるプレイオフで敗退	£100,000

（出所）第9回調査におけるCastle氏のコメントと第15回調査におけるBrown氏の提供資料を基に筆者作成（金額は仮設）。

以上の考察から，OUFCにおけるリーグ戦のインセンティブ・システムの
変更点をまとめると，図表6-17のようになる。

図表6-17　OUFCにおけるリーグ戦のインセンティブ・システムの変化

	2013/14シーズン	2014/15シーズン	2015/16シーズン	2016/17シーズン
査定基準	最終順位	最終順位 暫定順位	最終順位 勝ち点	最終順位 勝ち点
査定基準の絶対性／相対性	相対的集団業績（チーム順位）	相対的集団業績（チーム順位）	相対的集団業績（チーム順位） 絶対的集団業績（チーム勝ち点）	相対的集団業績（チーム順位） 絶対的集団業績（チーム勝ち点）
評価のサイクル	年間	年間 5試合ずつ加算	年間 5試合毎 15試合毎	年間 5試合毎 15試合毎

（出所）インタビュー調査に基づき筆者作成。

2015/16シーズンから導入された新たなインセンティブ・システムは，
Merchant and Van der Stede［2012］のインセンティブ理論にあるように，
固定的な基本給と比例的なボーナスから構成される典型的で理想的なもので
あった。そして，管理可能性の高い絶対的目標値（勝ち点）の追加導入，ボー
ナス単価の逓増化とボーナス総額の増額によるインセンティブ強化，試合
ブロックの柔軟な組み換えによる評価の適時化などにより，文化コントロー
ルの効果をより高めるように改良した結果，2015/16シーズンの昇格および
2016/17シーズンのプレイオフ出場を争うという優れたチーム成績を残せた
と解釈できる。

I 本書のまとめと成果

　第1章では，まず，プロサッカーの会計，MCS，インセンティブ・システムに関する先行研究について考察を行った。次に，リサーチ・デザインとリサーチ・サイトについて概要を明らかにした。本書では，OUFCのMCS事例を検討したが，プロサッカークラブにおけるMCSの実務の情報自体は，国内外を通じて極めて少ないのが現状であり，MCSの実務についての詳細な事例を追加したことに，一定の意義があると考えている。

　第2章では，リサーチ・サイトの2013/14シーズン以前のMCSの状況について，インタビュー調査や得られた資料を基に分析を行った。Appleton氏が監督に就任する直前のシーズンにあたり，インセンティブ・システムも簡素なものにとどまっていた。

　第3章では，リサーチ・サイトの2014/15シーズンのMCSの状況について，インタビュー調査や得られた資料を基に分析を行った。Appleton氏が監督に就任した1年目のシーズンであり，新監督の発案によりさまざまな取り組みが始まったことが判明した。

　第4章では，リサーチ・サイトの2015/16シーズンのMCSの状況について，インタビュー調査や得られた資料を基に分析を行った。Appleton氏が監督に就任した2年目のシーズンで，5試合毎の勝ち点目標が設定されるなど，MCSに改良が加えられた。チーム成績については，FLトロフィーで準優勝，かつ，FL2で2位となりFL1への昇格を果たした，好成績を収めたシーズンであった。

　第5章では，リサーチ・サイトの2016/17シーズンのMCSの状況について，インタビュー調査や得られた資料を基に分析を行った。Appleton氏が監督に就任した3年目のシーズンで，FL1で戦った。リーグのレベルが上がった

156

終　章

本書の成果と課題

にもかかわらず，勝ち点目標値は変更しなかったが，ボーナスの単価を総じて上げるなど，MCSにさらなる改良を加えた。結果として，リーグ戦では8位となり，惜しくもプレイオフ出場は逃したものの，EFLトロフィーでは2年連続で決勝に進出し，2年連続準優勝となった。

　第6章では，第3章から第5章までのデータを基に，MCSの先行研究を踏まえて考察を行い，OUFCにおける2013/14シーズンから2016/17シーズンまでのMCS実務の変遷を，理論的な観点から解釈した。

　以上の考察の結果，リサーチ・サイトへのインタビュー調査によって，OUFCのような下部リーグの小規模なプロサッカークラブでも，プロフェッショナル組織として体系的なMCSが実践されていることをまず明らかにできた。そして，組織体制，報酬制度，および選手パフォーマンスの評価指標などについての詳細な事例を追加することができ，プロサッカークラブにおけるマネジメント・コントロールにおいて客観性，管理可能性，適時性，公平性などが重視されていることを明らかにできた。

　参考として，MCSのフレームワークに基づいて，序章で紹介したFCBとMUFC，そしてOUFCにおけるMCS実務のうち，比較可能な部分をまとめてみれば，図表 終-1のようになる。

図表 終-1　3つのプロサッカークラブのMCS実務の比較

	FCB	MUFC	OUFC
成果コントロール	・報酬のランク付けと公開に基づく報酬決定（基本給） ・試合への貢献度（出場時間）に基づく報酬配分（ボーナス）	・主観的／客観的評価基準に基づくランク付け（基本給） ・試合への貢献度（ベンチ入り）に基づく報酬配分（ボーナス）	・個人成績（KPI）に基づく報酬決定（基本給） ・試合への貢献度（係数）に基づく報酬配分（ボーナス）
文化コントロール	・行動規範 ・規律違反による出場制限などの懲罰 ・チーム成績（順位・回戦）に基づく報酬決定（ボーナス）	・行動規範 ・規律違反による出場制限などの懲罰 ・チーム成績（順位・回戦）に基づく報酬決定（ボーナス）	・行動目標の設定（ユニット単位） ・行動規範（組織シンボルの設定） ・罰金制度 ・チーム成績（順位・勝ち点・回戦）に基づく報酬決定（ボーナス）

（出所）Merchant and Van der Stede［2012］のMCSに基づき筆者作成。

　3つのプロサッカークラブにおけるMCSの共通点をまとめると，次のようになる。まず，成果コントロールに該当する事例は，①客観的な評価指標を設定している，②評価指標と報酬制度を結び付けている，という点で共通していた。次に，文化コントロールに該当する事例は，①行動規範を重視している，②チーム成績（順位・回戦）に基づく報酬決定（ボーナス）を設定している，という点で共通していた。

　次に，OUFCにおける2013/14シーズン以降のMCSの取り組みの変遷を，Merchant and Van der Stede［2012］のフレームワークに基づいて整理すると，図表 終-2となる。

図表 終-2　Merchant and Van der Stede［2012］のフレームワークに基づく
　　　　　OUFCのMCS実務

	2013/14 シーズン	2014/15 シーズン	2015/16 シーズン	2016/17 シーズン
チーム成績	• リーグ（FL2）：8位 • FAカップ：3回戦敗退 • ELFカップ：1回戦敗退 • EFLトロフィー：2回戦敗退	• リーグ（FL2）：13位 • FAカップ：2回戦敗退 • ELFカップ：2回戦敗退 • EFLトロフィー：1回戦敗退	• リーグ（FL2）：2位(FL1へ昇格) • FAカップ：4回戦敗退 • EFLカップ：2回戦敗退 • EFLトロフィー：準優勝	• リーグ（FL1）：8位 • FAカップ：5回戦敗退 • ELFカップ：2回戦敗退 • EFLトロフィー：準優勝
成果コントロール	• 個人成績（数項目のKPI）に基づく報酬決定（基本給） • 試合への貢献度（係数）に基づく報酬配分（ボーナス）	• 個人成績（100項目を超えるKPI）に基づく報酬決定（基本給） • 試合への貢献度（係数）に基づく報酬配分（ボーナス）	• 個人成績（100項目を超えるKPI）に基づく報酬決定（基本給） • 試合への貢献度（係数）に基づく報酬配分（ボーナス）	• 個人成績（100項目を超えるKPI）に基づく報酬決定（基本給） • 試合への貢献度（係数）に基づく報酬配分（ボーナス）
行動コントロール	• 練習での事前行動レビュー（定量的） • 人間考察（定性的）	• 行動目標の設定（ポジション別・定性的） • 練習での事前行動レビュー（定量的） • 人間考察（定性的）	• 行動目標の設定（定量的） • 練習での事前行動レビュー（定量的） • 人間考察（定性的）	• 行動目標の設定（定量的） • 練習での事前行動レビュー（定量的） • 人間考察（定性的）
文化コントロール	• 罰金制度 • チーム成績（年間順位・回戦）に基づく報酬決定	• 罰金制度 • チーム成績（5試合進捗毎の順位・ホーム入場者数・回戦）に基づく報酬決定	• 行動目標の設定（ユニット別） • 行動規範（組織シンボル）の設定 • 罰金制度 • チーム成績（各5試合勝ち点・昇格・回戦）に基づく報酬決定	• 行動目標の設定（ユニット別） • 行動規範（組織シンボル）の設定 • 罰金制度 • チーム成績（各5試合勝ち点・順位・回戦）に基づく報酬決定

（出所）数回にわたるインタビュー調査に基づき筆者作成。

図表 終-2の通り，OUFCにおけるさまざまな実務は，Merchant and Van der Stede［2012］のフレームワークに位置づけることが可能であった。OUFCのような下部リーグの小規模なプロサッカークラブでも，個人成績に基づく報酬配分を用いた成果コントロール一辺倒ではなく，定性的・定量的な行動目標を用いた行動コントロールや，チーム成績に基づく報酬決定や罰金制度を用いた文化コントロールも，実践されているなど，MCS理論からみても理想的で体系的なMCSが構築・運用されていた。また，経年調査により追跡することができたMCSの変化の方向性も，MCS理論によって指摘されている，客観性，管理可能性，適時性，公平性といったコントロールの有効性の要素を高めるものとなっており，それがチーム成績の向上という形で現れたことも確認できた。

　このうち，報酬配分における公平性に関しては，Merchant and Van der Stede［2012］において言及はあるものの，それほど強調されているわけではなかったが，本書の事例においてはMCSの効果を支える重要な要素となっていたと考える。また，インセンティブ・システムの多くが，成果コントロールと文化コントロールを組み合わせたものや，行動コントロールに文化コントロールが組み込まれたものなど，チームスポーツのプロフェッショナル組織では，むしろ行動規範や集団報酬などを用いた文化コントロールのほうが重視されるのではないか，という示唆を得ることができた。本研究を通じて得られた以上のような発見事項は，既存のMCS理論に対して修正を求めるものとして，今後さらなる議論が必要ではないかと考える。

Ⅱ 残された課題

以上の通り，本書では，MCSの体系性や，その効果が高まるように仕組

みが改善されていくプロセスを経時的に考察することにより，既存のMCS
理論によってうまく説明できる部分やMCS理論に修正が必要な部分を確か
めることができた。

　以下では，残された課題について言及しておきたい。

　第一に，インセンティブ・システムの重複による副作用の問題である。先
述の通り，2016/17シーズンは，FL1ではともに昇格した4クラブの中では
最高順位の8位となり，カップ戦（EFLトロフィー）でも準優勝という好成
績を収めた。しかしながら，「プレイオフ出場」というシーズン目標と，カ
ップ戦での優勝という目標は，いずれも僅差で達成することができなかった。
図表 終-3は，2016/17シーズンの月別試合数の当初見込数と実際消化数，そ
の増減を表したものである。12月と1月，そして3月の実際消化数は，当初
見込数よりも3～4試合ずつ多くなったことが分かる。カップ戦で勝ち進ん
だことに起因して，12月と1月はカップ戦の実際消化数が増えた。また，1
月と2月，4月のリーグ戦が繰り上げ，あるいは繰り下げられて行われたこ
とにより，3月はリーグ戦の実際消化数が増えた。

図表 終-3　2016/17シーズンにおける月別試合数（当初見込数と実際消化数）

2016/17シーズン		8月	9月	10月	11月	12月	1月	2月	3月	4月	合計
リーグ戦	当初	5	5	6	4	4	4	6	5	6	46
	実際	5	5	6	4	4	3	5	8	5	46
	増減						−1	−1	+3	−1	
カップ戦	当初	2	0	1	2	—	—	—	—	—	5
	実際	3	0	1	2	3	4	1	1	1	16
	増減	+1				+3	+4	+1	+1	+1	+11
総試合	当初	7	5	7	6	4	4	6	5	6	51
	実際	8	5	7	6	7	7	6	9	6	62
	増減	+1				+3	+4		+4		+11

（出所）OUFC [2016] とAnderson [2017] を基に筆者作成。

図表 終-4は2016/17シーズンにおいて，EFLトロフィー準決勝で勝利した
３月１日からEFLトロフィー決勝が行われた４月２日までの間に行われた試
合結果である。カップ戦を含め，当初日程にはなかった試合は，斜字で表記
した。当初日程では，３月は３月14日を除いて毎週末に１度のペースでリー
グ戦が組まれていたが，カップ戦で勝ち進んだことに起因して毎週半ばにも
試合が組まれ，週２試合ペースで消化した。結果的に，３月に開催されたリ
ーグ戦８試合の成績は３勝４敗１分けで，負け越してしまった。

図表 終-4　2016/17シーズンにおける３月１日から４月２日にかけての試合結果

日付	リーグ戦／ カップ戦	節／回戦	会場	対戦相手	結果		当初予定
3/1	*EFLトロフィー*	*準決勝*	*A*	*Luton Town*	*W*	*3-2*	*－*
3/4	FL1	33	H	Bristol Rovers	L	0-2	
3/7	*FL1*	*34*	*H*	*Sheffield United*	*L*	*2-3*	*1/28*
3/11	FL1	35	A	Peterborough United	W	2-1	
3/14	FL1	36	A	Oldham Athletic	L	1-2	
3/18	FL1	37	H	Scunthorpe United	W	2-1	
3/21	*FL1*	*38*	*H*	*Bolton Wanderers*	*L*	*2-4*	*1/7*
3/25	FL1	39	A	Northampton Town	D	0-0	
3/28	*FL1*	*40*	*H*	*Bury*	*W*	*5-1*	*4/1*
4/2	*EFLトロフィー*	*決勝*	*N*	*Coventry City*	*L*	*1-2*	*－*

（出所）OUFC［2016］とAnderson［2017］を基に筆者作成。

　2016/17シーズンの全62試合に先発フル出場を果たした正ゴールキーパー
のSimon Eastwood選手は次のようにコメントした。

　「2016/17シーズンの終盤は，プレイオフ出場とEFLトロフィー優勝の両方を目標として頑張っていた。試合に出場する以上，選手は手を抜くことなく常に全力でプレイするものである。しかしながら，重要な試合が立て込んだことにより，疲労が蓄積して万全ではなかった選手がいたかもしれない。」（第16回調査より）

　このように，選手はリーグ戦もカップ戦も手を抜くことなく常に全力でプレイしようと心掛けていたものの，連戦の疲労により選手が本来持ちうる力を100%発揮できなかった可能性が生じた。果たして，チームとしてリーグ戦とカップ戦について目標の優先順位が明確に定められていたのか，またインセンティブ・システムの重複という事態を想定していたのか，などについて今後も追加調査を試みたい。

　第二に，監督やスタッフの移籍によるMCSの変化の問題である。2017/18シーズン以降も継続してリサーチ・サイトへのインタビュー調査を実施しているが，効果を発揮したインセンティブ・システムを考案した監督のAppleton氏と運用面で彼を支えていたスタッフのCastle氏は既にクラブを去っており，新たな監督の下でMCSが刷新されていることを確認している。

　Castle氏やAppleton氏が去った後，会長を務めるEales氏は次のようにコメントした。

　「Appleton氏の考案したインセンティブ・システムはうまく機能していたかもしれないが，監督が代われば，マネジメントの方法は新たな監督に一任する。Appleton氏のシステムを維持するようにという指示は行わなかった。」（第14回調査より）

　財務担当取締役であったWright氏は「取締役会はプロサッカークラブの

経営にのみ関わり，試合での戦術や選手起用については口出しを一切しない。選手の管理については監督に任せており，各選手の試合でのパフォーマンスに対する評価は監督やチームスタッフが行っている」（第2回調査より）とコメントしていた。実際にOUFCでは新たな監督が就任したことで，MCSにもさまざまな変化が生じている。その変化がチーム成績に与える影響について，今後も調査を継続したい。

参考文献

アンソニー，R.，ヤング，D.（浅田孝幸・松本有二監訳）［2010］『医療・NPOの経営管理ガイドブック』中央経済社。

衣笠陽子［2013］『医療管理会計―医療の質を高める管理会計の構築を目指して―』中央経済社。

クーパー，S.，シマンスキー，S.（森田浩之訳）［2010］『「ジャパン」はなぜ負けるのか―経済学が解明するサッカーの不条理』NHK出版。

白石和孝［2003］『イギリスの暖簾と無形資産の会計』税務経理協会。

菅原智［2001］「人的資源会計としての株式を用いた経営者報酬の会計―アメリカSFAS123の公表経緯の考察から」『企業会計』第53巻第3号，120-127頁。

スミス，M.（平松一夫監訳）［2015］『会計学の研究方法』中央経済社。

角田幸太郎［2006］「人的資源の会計的認識―日英プロサッカークラブの実務を例として―」『経済学研究』第55巻第4号，79-94頁。

角田幸太郎［2008］「選手登録権の公正価値評価―人的資源会計の例として―」『企業会計』第60巻第9号，127-131頁。

角田幸太郎［2012］「プロスポーツクラブにおける人的資源の価値評価と組織業績の関係」『会計理論学会2010年度スタディグループ　管理会計研究の方法と実践の課題―アクション・リサーチの可能性―』第4章所収，53-72頁。

角田幸太郎［2013］「人的資源の価値評価と組織業績の関係―Jリーグのケース―」『九州経済学会年報』第51集，72-81頁。

角田幸太郎［2014］「人的資源の価値評価と会計処理―英国プロサッカークラブの1980年代と1990年代の事例―」『九州経済学会年報』第52集，71-79頁。

角田幸太郎［2015a］「日欧プロサッカークラブにおける人的資源の会計と管理の事例研究」『会計理論学会年報』第29号，99-108頁。

角田幸太郎［2015b］「プロサッカークラブにおけるマネジメント・コントロール・システムの事例研究」『九州経済学会年報』第53集，79-85頁。

角田幸太郎［2016］「プロサッカークラブにおけるインセンティブ・システムの事例
研究」『九州経済学会年報』第54集，85-93頁。

角田幸太郎［2017］「プロフェッショナル組織におけるインセンティブ・システムの
導入効果の研究—英国プロサッカークラブでのインタビュー調査—」『会計理論
学会年報』第31号，72-80頁。

角田幸太郎［2018］「プロフェッショナル組織におけるインセンティブ・システムの
変化」『九州経済学会年報』第56集，127-135頁。

ソリアーノ，F.（グリーン裕美訳）［2009］『ゴールは偶然の産物ではない—FCバルセ
ロナ流世界最強マネジメント—』アチーブメント出版。(Soriano, F.［2009］*La
Pelota No Entra Por Azar : Ideas De Management Desde El Mundo Del Futbol.*)

Amir, E. and Livne, G.［2005］"Accounting, Valuation and Duration of Football
Player Contracts", *Journal of Business & Accounting*, Vol. 32, No. 3 & 4, April/
May 2005, pp. 549-586.

Anderson, J.［2011］*Skysports Football Yearbook 2011-12*, Headline Publishing
Group.

Anderson, J.［2012］*Skysports Football Yearbook 2012-13*, Headline Publishing
Group.

Anderson, J.［2013］*Skysports Football Yearbook 2013-14*, Headline Publishing
Group.

Anderson, J.［2014］*Skysports Football Yearbook 2014-15*, Headline Publishing
Group.

Anderson, J.［2015］*Skysports Football Yearbook 2015-16*, Headline Publishing
Group.

Anderson, J.［2016］*Skysports Football Yearbook 2016-17*, Headline Publishing
Group.

Anderson, J.［2017］*Skysports Football Yearbook 2017-18*, Headline Publishing
Group.

Anthony, R. N., Govindarajam, V. Hartmann, F. G. H., Kraus, K. and Nilsson, G.

[2014] *Management Control Systems*, 1ˢᵗ European Edition, McGraw-Hill Education.

Barajas, Á. and Rodríguez, P. [2010] "Spanish Football Clubs' Finances: Crisis and Player Salaries", *International Journal of Sport Finance*, Vol. 5, pp. 52-66.

Barajas, Á. and Rodríguez, P. [2013] "Spanish Football in Need of Financial Therapy: Cut Expenses and Inject Capital", *International Journal of Sport Finance*, Vol. 9, pp. 73-90.

Brodetsky, M. [2012] *Oxford United – The Complete Record 1893-2009*, Derby Books Publishing Company Limited.

Carlsson-Wall, M., Kraus, K. and Messner, M. [2016] "Performance measurement systems and the enactment of different institutional logics: Insights from a football organization", *Managenent Accounting Research*, Vol. 32, pp. 45-61.

Dobson, S. and Goddard, J. [2011] *The Economics of Football*, 2ⁿᵈ edition, Cambridge University Press.

Ferguson, A. and Moritz, M. [2015] *Leading*, Hodder & Stoughton Ltd.

Martín Lozano, F. J. and Carrasco Gallego, A. [2011] "Deficits of accounting in the valuation of rights to exploit the performance of professional players in football clubs. A Case study", *Journal of Management Control*, Vol.22, pp. 335-357.

Merchant, K. A. and Otley, D. T. [2007] "A Review of The Literature on Control and Accountability", *Handbook of Management Accounting Research*, Volume 2, Chapter 13, pp. 785-802.

Merchant, K. A. and Van der Stede, W. A. [2012] *Management Control Systems – Performance Measurement, Evaluation and Incentives*, 3ʳᵈ Edition, Pearson Education Limited.

Morrow, S. [1992] "Putting People on the Balance Sheet: Human Resource Accounting Applied to Professional Football Clubs", *The Royal Bank of Scotland Review*, No.174, June 1992, pp. 10-19.

Morrow, S. [1995] "Recording The Human Resource of Football Players as

Accounting Assets: Establishing A Methodology", *The Irish Accounting Review*, Vol. 2 No. 1, pp. 115-132.

Morrow, S. [1999] *The New Business of Football: Accountability and Finance in Football*, Basingstoke: Macmillan.

Oxford United Football Club (OUFC) [2014a] *Official Matchday Magazine for Oxford United FC*, Vol. 65 Issue 24.

OUFC [2014b] *Official Matchday Magazine for Oxford United FC*, Vol. 66 Issue 05.

OUFC [2015a] *Official Matchday Magazine for Oxford United FC*, Vol. 67 Issue 01.

OUFC [2015b] *Official Matchday Magazine for Oxford United FC*, Vol. 67 Issue 03.

OUFC [2016] *Official Matchday Programme for Oxford United FC*, Vol. 68 Issue 04.

Risaliti, G. and Verona, R. [2013] "Players' registration rights in the financial statements of the leading Italian clubs: A survey of Inter, Juventus, Lazio, Milan and Roma", *Accounting, Auditing & Accountability Journal*, Vol. 26 No. 1, pp. 16-47.

Rowbottom, N. [2002] "The Application of Intangible Asset Accounting and Discretionary Policy Choices in The UK Football Industry", *British Accounting Review*, Vol. 34, pp. 335-355.

Shareef, F. and Davey, H. [2005] "Accounting for intellectual capital: Evidence from listed English football clubs", *The Journal of Applied Accounting Research*, Vol. 7 Issue: 3, pp. 78-116.

索 引

【著者紹介】

角田 幸太郎（すみた こうたろう）

1979年6月	佐賀県に生まれる
1998年3月	久留米大学附設高等学校卒業
2003年3月	北海道大学経済学部卒業
2009年3月	北海道大学大学院経済学研究科博士後期課程単位取得退学
2009年4月	別府大学国際経営学部助教
2013年4月	同講師
2019年3月	九州大学大学院経済学府博士後期課程修了
2019年3月	博士（経済学）九州大学
2019年4月	熊本学園大学大学院会計専門職研究科准教授，現在に至る

〈主要業績〉

「選手登録権の公正価値評価―人的資源会計の例として―」『企業会計』第60巻第9号，2008年

「日欧プロサッカークラブにおける人的資源の会計と管理の事例研究」『会計理論学会年報』第29号，2015年

「プロフェッショナル組織におけるインセンティブ・システムの導入効果の研究―英国プロサッカークラブでのインタビュー調査―」『会計理論学会年報』第31号，2017年

2020年9月30日　初版発行　　　　　略称：プロサッカーMCS

プロサッカークラブのマネジメント・コントロール・システム
―オックスフォード・ユナイテッドFCの事例―

著　者　角　田　幸太郎

発行者　中　島　治　久

発行所　**同文舘出版株式会社**

東京都千代田区神田神保町1-41　　　　　〒101-0051
電話　営業(03)3294-1801　　　　　編集(03)3294-1803
振替 00100-8-42935　　　　　http://www.dobunkan.co.jp

©K. SUMITA　　　　　　　　　　　　　製版：一企画
Printed in Japan 2020　　　　　　印刷・製本：三美印刷
　　　　　　　　　　　　　カバーデザイン：志岐デザイン事務所
ISBN978-4-495-21016-8